マイナビ新書

# となりの外国人

JN127759

芹澤健介

マイナビ新書

◆ 24 ～ 39 ページの横浜市の外国人介護スタッフの記事は、「tayorini by LIFULL 介護」に掲載した原稿に加筆・修正したものです。

# はじめに

## 増え続ける外国人と減り続ける日本人

昨今、「どこへ行っても外国人が増えたよね」という話をよく聞きます。

たとえば京都——。

言わずと知れた世界的な観光都市ですが、京都市の観光消費額が1兆円の大台を超えたのは2016年のこと。その後も過去最高を更新し続けて、2018年には1兆3000億円を突破しました。牽引役は、ご想像の通り、外国人観光客です。

京都に限らず、いまや訪日外国人（インバウンド）向けの観光業は〝旬〟の産業です。外国人観光客の数は、京都市だけを見ても2017年からの1年で一気に100万人近く増えて450万人を超えました。全国的には2018年に30

00万人を数え、東京オリンピック・パラリンピックが開催される2020年には4000万人を超えると予想されています（さらに政府は2030年までに6000万人の受け入れ目標を掲げています）。

外国人観光客がこれほど急増すると、観光地がパンクする〝オーバーツーリズム（観光公害）〟や日本人の〝観光離れ〟といった問題も出てきていますが、外国人が増えているのは、なにも観光地に限った話ではありません。

先日、何気なく入った新宿の天丼チェーン店は客も従業員もほとんどが外国人でしたし、さいたま市の大宮盆栽美術館を訪れた知人の話では、館内で聞こえてきたのは英語やフランス語ばかりで、出口のあたりでようやく日本語を聞いてホッとしたとか。そんなエピソードがだんだんと日常的になりつつあります。

そう、外国人のいる風景は、いまやこの国の日常なのです。

一見、外国人などいないように感じる地方でも、農家や工場では多くの技能実習生が働いているはずです。

旅行者ではなく、生活者として日本で暮らし、働いている外国人が増えているのです。アパートやマンションのおとなりさんが外国人、という状況もいまでは決して珍しくないのです。

本書で注目するのも、私たちにとってより身近な、隣人としての在留外国人、すなわち「となりの外国人」です。


日本はいま急速な少子高齢化で人口がどんどん減っています。

厚生労働省の最新の人口動態統計（速報値）によれば、2018年の出生数は91・8万人となりました。〝団塊の世代〟や〝団塊ジュニアの世代〟は1学年で200万人を超えていましたが、100万人を下回ったのが2016年。それから3年連続で出生数が100万人を割り込み、このままでは2019年には90万人を下回ることになりそうです。少子化のスピードも速くなっているのです。

また、死亡数は２０１８年に戦後最多を更新して、１３６万９０００人となり、「自然減」が44万８０００人と過去最多となりました。

国立社会保障・人口問題研究所のデータによれば、２０３０年には東京を含むすべての都道府県で人口が減少し、３人に１人が65歳以上の高齢者になるそうです。さらに２０４５年までに日本の総人口は１億６４２万人にまで減るとの予想が出ています。２０１９年10月時点の総人口が１億２６１４万人（概算値）だったので、これからの25年で２０００万人近く減少する計算です。

わずか25年間で日本人の６人に１人がいなくなることになるのです。ゾッとする数字ではないでしょうか。

とりわけ、都市部より地方の減り方がひどいそうで、３割減が当たり前と見込まれています。早急に対策を立てないと、今後は各地にシャッター商店街が増えるばかりでなく、空き家もいまよりもっと増えていくでしょう。

こうした日本の人口減少と外国人の増加は、ある意味で、コインの表と裏のような関係にあります。

日本で暮らす外国人の人口は増加の一途を辿っており、その数は、30年前と比べてほぼ3倍に当たる282万9416人（2019年6月時点の速報値）となりました。前年末より約10万人増えています。日本で暮らす外国人の人口はすでに京都府の人口よりも多く、日本の人口減に歯止めをかけているのも外国人というのが現実なのです。

日本の総人口の割合で見れば約2％、50人に1人が外国人という計算になります。

この数字を多いと感じるか、少ないと感じるか。人によってその印象はずいぶんと違うかもしれませんが、たとえばヨーロッパ諸国であれば外国人の割合は総人口の10％を超えていても珍しくないですし、〝移民受け入れの先進国〟とも言われるカナダでは20％以上となっています。5人に1人が外国人というわけです。

単純に日本の10倍です。

そう言われると、「日本はまだまだ外国人が少ない」と思うかもしれません。しかし、日本にも外国人住民の割合が高い地域があります。

たとえば、日系ブラジル人などが多いことで知られる群馬県大泉町は、人口約4万2000人の街ですが、外国人の割合は約18％を占めます。カナダに近い数字です。また、カナダまでとはいかなくともヨーロッパ並みの数値を示す自治体は東京にもあります。

新宿です。新宿区の住民基本台帳によれば、2019年8月時点の総人口が34万8587人。そのうち外国人は4万3065人で、割合は12・4％。さらに20歳人口に限っていえば、新宿区は実に45％が外国人であり、特に外国人の多い大久保地区は87％が外国人だそうです。新宿区がすごいのは外国人住民の出身国・地域も実にさまざまで126カ国を数えること。まさに国際都市の様相を呈しています。

実際に新宿区の成人式を覗くと、外国人の参加者がそれぞれの民族衣装を着て式を楽しんでいました。

「こういうイベントはタイにはないのでうれしいです」と語ってくれたタイ人の留学生は、リクルートスーツを着ていたので、その理由を訊きました。

「できれば日本で働きたいので、いま就職活動をしています。夢は日本で働くことですが、でも難しい。どうなるかわかりません」

冷静に見れば、日本は老体化してゆく国です。

今後、よっぽどの起爆剤がなければ、人口も経済も縮小してゆく国家です。

当然、国民の高齢化も確実に進むわけですが、そうしたときに、誰が高齢者を支えてくれるのでしょう。

厚生労働省はすでに2020年の段階で介護人材が全国で26万人不足していると発表しており、いわゆる団塊の世代がすべて75歳以上の後期高齢者になる20

25年には30万人以上の介護人材が足りなくなるといいます。

「人生100年時代」と言われる中、あなたを介護してくれるのは外国人である可能性が高いのです。

## 共に生きる、という考え方

本書は、「となりの外国人」を知るための本であり、彼らとの付き合い方を考えるための本です。ことさらに物事を強調して、不安を煽るつもりはありません。なるべく客観的に事実を伝えていきたいと思っています。

そうした中で、読者には耳の痛い話もするかもしれませんが、そこは広い心で「なるほど」と読んでいただき、次の世代、そのまた次の世代の日本がより暮らしやすい国になるように、問題があれば一緒に解決方法を考えていければと思います。

２０１９年４月に改正入管法が施行されたことで、日本は外国人労働者を正面から受け入れる〝移民国家〟になりました。入管法（出入国管理及び難民認定法）がどう変わり、外国人にとって日本はどのように変わったのか。その内容については、本書の中で触れるとして、その前に、著者としての私のスタンスをここで明記しておきたいと思います。

私は、外国人の受け入れには、基本的には賛成の立場です。

外国人を受け入れていかなければ、日本の老体化は早まるばかりで、次の時代を拓くようなイノベーションも生まれず、経済も回っていかないと思っています。

しかし、日本を活性化させるために、無制限に外国人を受け入れればいいとも思っていません。移民問題で摩擦が起こっているヨーロッパの現状も冷静に踏まえなければなりませんし、門戸を開放すれば、外国人たちは勝手に入ってくるだろう、という考えも間違っていると思います。

低賃金で長時間労働、技能実習生が年間で数千人も失踪するような国（残念ながら日本のことですが）の悪評はすでに全世界で広まっており、日本の魅力、付加価値を必死でアピールしていかなければ今後、外国から人は来てくれない可能性が高いのです。

「日本は十分に成熟している国だから、これ以上もう経済成長しなくてもいい」「外国人関連に税金を投入するより先にやらなきゃならないことがたくさんあるだろう」という意見もあります。

ですが、日本の成長がぱったりと止んで、諸外国からも見放されてしまったとき、日本は1000兆円を超す借金と老人ばかりが残された国になってしまうかもしれません。きっと国防とも直結する大きな問題になるでしょう。

本書の第1章では、一歩進んだ地方自治体や組織の取り組みを見ていきます。〝現場〟には、いろいろなヒントが転がっているように思います。

第2、3章では、日本に暮らす外国人の在留資格やデータ、それぞれの歴史などを俯瞰して見ていきたいと思います。すでに知っている項目については、読み飛ばしていただいても構いません。

第4章では、日本人と外国人のコミュニケーション、特に言葉の問題を中心に、その課題と解決策について解説します。

最後の章では、新しい日本をつくっていく一つのカギ「多文化共生」を意識しつつ、日本の未来について考えたいと思います。

となりの外国人

# 目次

## はじめに



## 第1章　一歩先を行く自治体と組織

## 第2章 〝移民国家〟になった日本

## 第3章　留学生と難民

## 第4章 日本語という壁

# 第5章　外国人と暮らす未来

# 第1章

# 一歩先を行く自治体と組織

## 〝特養〟のベトナム人スタッフ

最初に紹介するのは、横浜市磯子区にある特別養護老人ホーム「たきがしら芭蕉苑」です。

この施設では、ベトナム中部の都市・ダナン出身のツァン・カイン・リーさん（22）とブイ・ファム・トゥイ・ジャンさん（23）の2人が働いています。働きはじめてまだ5カ月だそうですが、施設での評判も高く、人気者です。

利用者の一人、中山シズエさん（93）も「本当にいい子たちですよ」と言っていました。

「何より元気で、笑顔で、かわいいの。日本語だってね、こちらが言うことはほとんどわかるからまったく問題なし」

このように、外国人スタッフを雇用する介護施設は全国的に増えてきています

ベトナム人スタッフのリーさん（左）とジャンさん（右）
撮影：中村崇徳

が、介護施設で外国人スタッフを雇うことに対して、受け入れる側はどのように考えていたのでしょうか。

いわゆる〝特養〟となれば、要介護度の高い利用者も多く（原則要介護3以上）、ケアスタッフ同士のコミュニケーションも複雑になってくるはずです。不安要素はなかったのでしょうか。

「正直に言えば、彼女たちを採用する前はちょっと考えましたよね」と言うのは、施設長の前田卓哉さんです。

「でも、いざフタを開けてみれば、まったくの杞憂でした。言葉も問題ないですし、よく働いてくれます。それから、彼女たちが日本人の職員と一緒に働くようになったことで、現場が以前よりも活性化したんです。これは想定外の大きなプラス効果でした」

実際、リーさんとジャンさんの2人が来てから、施設内の雰囲気が明るくなって、笑い声が響くことが多くなったのだとか。

「これは2人の性格や雰囲気にもよるのでしょうが、スタッフ同士が仲良く、明るくなれば、自然と利用者の方にも伝わりますし、施設全体に活気が出ますよね。それから、これは日本人の職員が言っていたことですが、彼女たちは『自分たちが忘れかけていたことを思い出させてくれる』と。つまり、誰にでも笑顔で接することとか、食事の介助は丁寧に声をかけながら行うこととか、慣れてくるとどうしてもおろそかにしがちな基本なことを彼女たちはしっかりやっているんですね。そういう真面目さに日本人のベテランスタッフもいい意味で刺激を受けている。だから、外国人ということで特別に心配することはないですし、むしろ、本当にありがたく感じています」(前田さん)

前田さんの話を横で聞いていた2人は、「いえいえ、そんな……」「とんでもないです」と恐縮していましたが、これでまだ日本語を勉強しはじめて2年だというから驚きました。

「彼女たちが日本語を勉強しているのとは逆に、私はベトナム語の勉強を始めた

のですが、ベトナム語って本当に難しいんですよ。まだあいさつくらいしかできません（笑）」（前田さん）

この施設に、ベトナム人のリーさんとジャンさんを紹介したのは、横浜市の職員です。

「市役所の担当者から最初に話があったときは、しばらく保留にしていたんですが、いまとなっては早く声をかけてもらってよかったと思っています」

## 横浜市独自の〝戦略〟

約370万人の人口を抱える横浜市ですが、人口が多いぶん、介護人材の不足も深刻です。

「2025年には、約8500人の介護人材が不足すると見込んでおり、その確保は急務です」（横浜市高齢健康福祉部 佐藤泰輔課長）

介護人材の不足は横浜市に限った話ではなく、全国的な問題です。〝２０２５年問題〟とも言われていますが、いわゆるベビーブーマーの「団塊の世代」が、２０２５年までに75歳以上の後期高齢者になることで、介護関連の人材が大量に不足する事態が予測されているのです。

そこで横浜市が目をつけたのは、ベトナムなどですでに医療や介護を学んでいる外国人の学生たちだったのです。

介護業界は、これまでも多くの外国人を必要としてきました。

従来のインドネシアやフィリピンなどとの二国間経済連携協定（ＥＰＡ）による介護人材の受け入れに加えて、２０１７年からは「介護」という在留資格が加わり（在留期間は最長5年、更新可、家族の帯同可）、さらに２０１８年からは「技能実習の介護」、２０１９年からは「特定技能の介護」と矢継ぎ早にいろいろな在留資格での受け入れが始まりました。それぞれ在留期間や付帯条件が変わってきます。
このように介護関係で働く外国人の在留資格は非常に複雑なので、次ページの図にまとめておきますが、横浜市の取り組みが他の自治体に比べて一歩先んじているのは、介護関係の留学生やインターンの受け入れを決めたことです。

しかも、留学生の学費や住居費をある程度負担して積極的に受け入れようというのです。

2018年、横浜市は、外国人留学生の学費や住居費を一部負担することで、将来の介護人材を呼び込むことを決めました。これは日本の自治体としては初の試みです。

「まずはベトナムの医療系大学5校（現在はベトナムの学校6校、中国の学校5校）と覚書を結んで、介護を学んでいる学生を呼び込むことに決めたのですが、市議会でも満場一致の賛成を得ました」（佐藤課長）

## 介護関係で働く外国人の在留資格

### 技能実習1・2・3号

- 2017年11月から開始
- 在留期間：最長5年
- 家族帯同：なし
- 対象者：介護などの経験があり、基本的な日本語を理解。1、3、5年目に技能評価試験あり

### 特定技能1号

- 2019年4月から開始
- 在留期間：最長5年
- 家族帯同：なし
- 対象者：日本語と介護分野の試験合格者か、3年以上の経験がある技能実習生

↓ 介護福祉士資格取得で移行方針

### 在留資格「介護」

- 2017年9月から開始
- 在留期間：永続的
- 家族帯同：あり
- 対象者：留学生として養成校で2年以上学んだ介護福祉士の資格取得者や技能実習、特定技能から移行

### 経済連携協定（EPA）

- 2008年7月から開始
- 在留期間：原則4年以内に介護福祉士資格取得で永続的
- 家族帯同：なし
- 対象者：日本語研修を受けたインドネシア、フィリピン、ベトナムの看護学校卒業生ら

※厚生労働省の資料などをもとに作成

その内容は、日本語学校の学費は70万円を上限に施設が立て替え、それを市と施設が半額ずつ負担し、その後、2年間通う介護系専門学校の学費に関しても、約8割に当たる160万円に神奈川県社会福祉協議会の奨学金が使えるというもの。

さらに家賃も月に3万円を上限に補助。そうして国家資格である介護福祉士の資格取得を目指しながら、修学中は、受け入れ先の高齢者施設で週28時間アルバイトとして働くのです（その間、生活の困りごとに関する相談や試験対策などのサポートも受けられます）。

ちなみに、奨学金については、介護福祉士の国家資格を取得後、県内の福祉事業所で5年間働けば返済が免除されるそうです。また、奨学金で足りない部分については横浜市が最大20万円補助します。かなり手厚いサポートと言えるのではないでしょうか。

現在、提携先であるベトナムのドンア大学では、訪日前の日本語研修のクラスも始まっており、受け入れ側の横浜市と送り出し側のベトナムの結びつきは着実に進んでいる模様です。

「介護人材については、自治体職員が『民間に任せる』と思ってしまえばそこまでの話です。しかし、介護保険の運営責任は自治体にあるんですね。ですから我々は対応策を考えなければならない。すでに介護施設で働いている外国人材の評判が大変よかったので、これはいけると判断しました」（佐藤課長）

先ほど紹介したリーさんとジャンさんはインターンです。現在、ドンア大学の看護学科4年生。日本の施設で働くのは9カ月間の予定で、その経験が大学の単位に振り替えられるインターンシップの仕組みです。

ちなみに、実質的には1日6時間の勤務で、月給は17万4000円（休日は月に10日）だそうです。2人とも毎月貯金をして、家にも仕送りをしているとか。

## ブローカーの介入を防ぐシステム

横浜市にはこれまでも介護職で働く外国人はいました。

フィリピンやインドネシアなど、日本と経済連携協定を結ぶ国から来日して、介護福祉士の国家資格を取得または取得を目指している外国人はすでに250名ほどいます。また、それぞれの介護施設と独自に契約を交わして働いている技能実習生も90名ほどいます。

しかし、これだけでは、近い将来不足が見込まれる8500人には到底足りず、リーさんやジャンさんのようなインターンや留学生にも戦力として関わってもらおうというわけです。

もちろん、横浜市では、近い将来不足する介護人材すべてを外国人で賄おうとしているわけではありませんが、「積極的に外国人スタッフを受け入れていきたい」としています。

横浜市のこのシステムのいいところは、第一に、ブローカーなどが間に入り込む余地がないことでしょう。

現在、日本に来ている技能実習生や留学生は、出国手続きなどを取り計らうブローカーを頼って多額の借金をしてしまうことが多いのですが、そういった余計な出費を抑えられるのです。

「それから、横浜市が責任を持って受け入れてサポートをすることで、留学生本人だけでなく親御さんにとっても安心材料のひとつになるかと思っています」

(佐藤部長)

横浜市のこの独自の取り組みが成功すれば、全国の自治体にとってだけでなく、人手不足が確実視されている介護業界にとっても、ひとつの有効な指標になることは間違いありません。

横浜市では、今後、中国、フィリピン、インドネシアなどに連携の輪を広げていく、としています。

## 3時から5時までは日本語の勉強

横浜市の老人介護施設で働くリーさんとジャンさんの様子をもう少し見てみましょう。

2人とも日本語の勉強は毎日欠かしません。

「午後3時から5時までは、ここで日本語の勉強をしています」（ジャンさん）

施設には毎朝9時から夕方の6時までいるそうですが、インターンの彼女たちはそのうちの2時間を日本語学習に充てているのです。

日本語の勉強も研修の一部というわけです。

「日本語は本当に難しいです」とリーさん。「いま、私たちは、日本語能力試験はN4ですが、がんばってN3に受かりたいです」

日本語能力試験とは、日本語を母語としない人の日本語能力を測るテストのこと（英検の日本語版だと考えればわかりやすいかもしれません）。勉強を始めたばかりの初心者であればN5、日常会話だけでなく高度な読み書きもできればN1というふうに5段階に分かれています。

入管法が改正されて新しく設けられた「特定技能」や、「技能実習」などの在留資格は、基本的にN4以上の日本語能力（「基本的な日本語を理解することができる」程度）が必要とされており、彼女たちもベトナムでN4の資格を取って来日しました。

横浜市は、彼女たちの勉強のサポートにも一役買っています。

学研が開発したeラーニングシステムを実験的に導入しているのです。eラーニングシステムというのは、インターネット上にアップロードされたテキストや問題集で勉強をするシステムのことです。

現在は、インターンに1人1台タブレットを支給して、日本語とベトナム語が併記された教材を使ってもらい、どの程度の効果があるか実証実験しているところだそうです。

リーさんとジャンさんにインタビューをしていると、たまに「通じにくい」と感じる瞬間もありましたが、こちらが簡単な言葉で言い換えたり、ゆっくり話せばほとんど通じたので、2人とも次のN3の試験にはきっと合格するに違いありません。

## 「またここで働きたいです」

横浜市は、今後、ベトナムとだけでなくほかの国とも提携して、介護人材を増やしていきたいところでしょう。実際、すでに中国の3都市（山東省、臨沂市、瀋陽市）と覚書を交わしており、留学生やインターンを受け入れることが決まっています。

ベトナムに続いて、中国からの受け入れも始まっているところですが、インターンは、すでに介護や看護を学んでいるというメリットが大きいそうです。

「留学生の場合は、日本語をイチから覚えるところから始まって、さらに2年かけて専門学校で介護の知識を学んでいくことになりますが、インターンの場合はすでに母国で学んできていますからね。即戦力として働いてもらっています」(佐藤課長)

ただし、インターンの場合は、滞在期間が9カ月と短いのがデメリットです。

「リーさんとジャンさんも、すっかり慣れた頃に帰ってしまうんですよね」と施設長の前田さんは言います。

「本当なら、彼女たちに残ってほしいところですけど、無理にお願いすることはできませんしね……」

当の本人たちに聞くと、「またここで働きたいです」「横浜に戻ってきたいです」と言っていたので、彼女たちの思いが本気であれば、大学を卒業した後に、「特定技能」か「技能実習」の在留資格で再来日することになるはずです。

## 外国人材の奪い合い

繰り返しますが、横浜市のこうした一連の取り組みは全国の自治体としては先進的なものです。本来であれば、介護人材の確保や教育などは、国が率先して動くべき案件なのでしょうが、なぜしないのか、できないのかといえば、関係する省庁が多くてまとまりがつかないからかもしれません。

つまり、おそらく、今後は横浜市のように地方自治体レベルでどんどん外国に出向いて、独自のルートで介護人材を確保していくのが当たり前になるのでしょう。逆に言えば、積極的に海外まで人材募集をしかけない自治体には人材が集まらないということ。

現在、日本政府の〝移民〟対応が後手後手に回っていると言わざるを得ない中で、冷静に将来を見据えて独自の対応をしている自治体とそうでない自治体では、すでに大きな差が生じはじめています。ひょっとすると、外国人住民への対応ひとつで、その自治体に住む日本人の生活のあり方が変わってくるかもしれません。回りくどい言い方をしました。

ここはひとつ、率直に言いましょう。

どういうことかと言えば、すでに〝自治体間で外国人材の奪い合い〟が始まっているのです。そして、その競争に出遅れてしまった自治体（＝そこに住む日本人）は、将来、介護人材が確保できないことになるかもしれません。

リーさんやジャンさんのように、介護スタッフとして働いてくれる外国人が来てくれなかったら……、介護を必要とする私たち日本人はどうすればいいのでしょうか。

## 安芸高田市の「多文化共生推進プラン」

人口370万人という巨大都市・横浜市が、独自のプログラムで外国人材の獲得に乗り出している一方で、いわゆる中山間地の小規模な地方自治体でも外国人の受け入れに積極的に取り組んでいるところがあります。人口約2万8500人の広島県安芸高田市です。

安芸高田市の人口は、戦後すぐの1947年にピークを迎え（5万8215人）、それからは減少の一途を辿っており、現在は65歳以上の高齢者が4割近くを占める典型的な過疎地域です。2004年の合併時に約3万4000人だった人口は15年経ってさらに5000人以上減っています。

そんな安芸高田市で、「地方創生のカギは外国人が握っている」と明言する人物がいます。浜田一義市長です。

浜田市長は、2008年の市長就任時より多くの外国人を受け入れるために、多文化共生に向けたさまざまな施策をしてきました。

2010年に人権多文化共生推進室をつくると、翌年には多文化共生推進員や英語・ポルトガル語・中国語の翻訳・通訳員を雇用し、これら3言語による生活ガイドブックもつくりました。さらに翌々年にはポルトガル語の相談員も設置。そして、2013年3月には多文化共生推進プランを策定しました。「外国人市民と日本人市民が互いに違いを認め合い支え合うまちづくり」を基本理念として打ち出したのです。

当時は周囲の理解は得られなかったといいます。

「私たちのような過疎の自治体が生き残るためには、いったいどうすればいいのか。日本人の若者は出ていくばかり。少子高齢化には歯止めがかからない。どうしたって外国人の力を借りなきゃいけないんです。外国人を『いつかは帰る人』でなくて、『共に暮らしていく人』として考えないと地域が滅びてしまうんです」

「ですから、安芸高田のファンを世界中につくって、世界のあちこちから安芸高田に来てもらわないと、いずれは老人ばかりで市の財政がつぶれてしまうのは目に見えています。もう、『外国人は嫌い』とか、『付き合いづらい』とか言っている場合じゃないんです」

2018年3月には、第2次多文化共生推進プランを策定し、全国の自治体に先駆けて、「移住・定住したくなる魅力的な地域づくり」を掲げました。

具体的には、日本語教室をつくって日本語を学ぶ機会を増やしたり、外国人市民が地域の行事やPTAに参加しやすいような環境を整えたり、災害時の外国人支援マニュアルを整備したりと、実にさまざまな対応をしているのです。

その甲斐もあってか、1990年には175人だった外国人市民の数も現在では700人を超え、全人口の2・5%を占めています。

また、日本人の市民の意識も少しずつ変わってきました。

「あなたは外国国籍の方が安芸高田市に住むことをどう思いますか」というアンケートの質問に対し、「よいと思う」と答えた人は2010年の段階では30・8%だったものが、2017年には48・4%にまで上昇。

「あなたは外国国籍の方と共生すると、よいことがあると思いますか」という質問には、「ある」と答えた人が、2010年には60・7%だったものが、201

7年には82%にまで増えました。

しかし、2018年夏の西日本豪雨の際には、緊急の連絡がうまくいかずに避難所に入れなかった外国人もいたとか。細かな課題はまだ残っているはずですが、今後は、安芸高田市の事例を参考に、独自に外国人の受け入れを進める地方自治体も増えていきそうです。

## 浜松市の「不就学ゼロ作戦」

日本で暮らす外国人への日本語教育に関しては、現在は法律も環境も整っていない状況です。日本人なら義務教育を受ける年齢であるにもかかわらず、学校に通っていない、いわゆる〝不就学〟の外国人の子どもたちが大勢いることもわかっています。

これまで長い間放置されてきましたが、文部科学省がようやく行った調査によれば、外国人の子どもに関しては、「全国で2万人近くが不就学か不就学の可能性がある」としています。

全国で2万人というのは、かなりショッキングな数字ですが、こうした子どもたちをなくすために、全国から注目を集めているのが浜松市の「不就学ゼロ作戦」という取り組みです。

浜松市は90年代から日系ブラジル人などを多く受け入れてきた〝多文化共生の先進地域〟です。現在は人口の約3％が外国人（約2万5000人）。2011年からは、外国人や海外にルーツを持つ子どもたちの学ぶ機会を確保するために、毎年予算を組んで、「不就学ゼロ作戦事業」を実施しているのです。

浜松市では、まずは、不就学の子がいる可能性があるすべての家庭をピックアップするところから始め、次に市の職員が、母国語のわかるスタッフと一緒にそれぞれの家庭を訪れたそうです。

不就学が判明した子どもたちについては、職員が一人ひとりと面談をしました。そして、公立学校の制度を案内したり、就学手続きに通訳が同行するなどして、不就学に陥った理由を分析したのです。

地道な作業を通してわかってきたのは、単純な経済的な理由だけでなく、「子どもが日本語を話せないこと」や「親が日本語を理解できずに子どもの教育に関する情報が届いていない」ことなど、それぞれの家庭によって理由が違うということだったそうです。個々のケースに合わせたきめ細かな対応をするには、〝オーダーメードの支援〟が必要になってくるのです。

浜松市では、地道に支援を継続することで徐々に不就学者を減らし、わずか2年で「不就学ゼロ」を達成しました。また、その後も転出入の確認や定期訪問を重ね、「不就学ゼロ」をほぼ維持しているそうです。

各自治体のこうした取り組みには、国が積極的に予算を配分するべきで、実際に2019年度からは文化庁が支援事業を始めましたが、全67都道府県・政令指定都市のうち参加表明をした地方自治体はわずか16と、4分の1未満に留まっています。これはどういうことでしょう。

実は多くの自治体では、外国人の日本語教育について、まだ担当部署すらないことも多く、現場が混乱しているというのが実情のようです。

ちなみに、浜松市では、多くの外国人が日本語を学べる施設として「外国人学習支援センター」を設置しており、さまざまなレベルに合わせた日本語教室が開催されています。同時に、日本語学習の指導者や支援者を養成する事業も実施。さらに、日本文化の体験や地域の人々との交流事業も盛んに行われています。多くの自治体が見習うべき先進的な地域と言えるでしょう。

## 人生100年時代の図書館として

図書館は誰でも自由に使える公共の場所ですが、新宿にある区立大久保図書館は地域の外国人に向けていろいろな取り組みをしていることで知られています。20カ国以上の言語の本を取り揃えているだけでなく、2011年に米田雅朗さんが館長に就任してからは、多言語による絵本の読み聞かせなどのイベントを随時行っています。

「感覚としては、外国人のために何か特別なことをしているという意識はあまりないんですよ」と米田館長は言います。

「この大久保地域には外国人住民の方が多いという状況を反映しただけのことだと思うんですよね」

外国人住民の比率が高い新宿区の中でも大久保地域は30%を超えており、大久保図書館の利用者も約3割から4割が外国人だとか。

読み聞かせなどのイベントをやっていると、「楽しいからまたやってください」という声を、日本人と外国人、両方の利用者からもらうそうです。

「日本にはまだまだ『外国人と触れ合ったことがない』という人も多いと思います。でも、ウチでやっている外国語でのお話会のように、目の前で外国の人がしゃべってくれるような機会があったら距離感はずいぶん近くなると思うんですよね。小さい頃からこういうことを経験すれば、外国人を差別するようなこともおのずとなくなると思っています」と米田館長。

「最近は、『人生100年時代』と言われていますが、いまの子どもたちは、21世紀後半や22世紀を生きていくことになる。私たちができるのは、ひとつの小さなお話会ですけど、『22世紀の世界的な視野を持った子どもたちを育てることになるのかな』と思ってやっています」

新宿区立大久保図書館の米田館長

## ワンストップセンター

今後、地域で暮らす外国人がもっと増えていけば、介護や教育の問題ばかりでなく、生活に関する実にさまざまな問題が持ち上がってくるはずです。それこそ、ゴミ捨てのマナーから騒音に関するものまで、ごくごく日常的な問題に対して、自治体としても幅広い対応が求められるはずです。

90年代から多くの外国人を受け入れてきた浜松市では、「多文化共生センター」が外国人の相談を受け付けています。

毎日ではありませんが、ポルトガル語、スペイン語、英語、中国語、タガログ語、ベトナム語、インドネシア語での相談窓口が開設されており、韓国語、タイ語、ネパール語に関してはテレビ電話による通訳サービスを展開しています。

また、在留手続きに関する相談は入国管理局のスタッフと行うことができ、弁護士や行政書士といった専門家への相談も可能です。さらにゴミの分別方法についての説明や防災訓練の際に必要な通訳の派遣も行っているそうです。

また、約120カ国以上の人々が暮らす新宿区では、歌舞伎町にある「しんじゅく多文化共生プラザ」が外国人の相談窓口になっています。

区役所のスタッフが、雇用や医療、福祉、出産、子育てなどなど、さまざまな相談に応じてくれるだけでなく、東京入国管理局のスタッフも常駐しているので、複雑な在留資格制度もわかりやすく案内してもらえるのです。

またタブレット型端末を活用して遠隔地の通訳を挟んで相談に乗ることもできます。時には自動翻訳アプリも駆使して、13言語での相談が可能。年間700件を超す相談をこなしているそうです。

政府は、こうした「多文化共生センター」や「しんじゅく多文化共生プラザ」

のような自治体と入管がセットになった一元的窓口（ワンストップセンター）を全国100カ所に設置しようと20億円の予算を計上していますが、なかなか一朝一夕にはできるものではないでしょう。

まずはスタッフの育成から地道に時間をかけて行っていく必要があると思われます。また、行政主導のハコをつくったらおしまいということではなく、地域の日本語学校や外国人支援のボランティア団体などと綿密な連携を取っていくことが必要になるはずです。

## 技能実習生と「バディー制度」

今後、なるべく早く全国各地にワンストップセンターのような相談窓口が増えればいいと思いますが、現時点で外国人が日常の困りごとを気軽に相談できる場所はあるのでしょうか。

たとえば、技能実習生は1年間に数千人も失踪してしまうことが知られていますが、失踪の原因となる問題を誰かに相談できれば、失踪の多くは防げるかもしれないのです。

2019年7月2日の毎日新聞の夕刊に、次のような記事が掲載されました。

——全国で外国人技能実習生の数が最も多い愛知県で、受け入れ団体が「バディー（仲間、相棒）制度」を導入した。地域住民が実習生一人ひとりの相棒となり、その生活を見守る仕組みだ。移民、難民が急増したベルギー・メヘレン市が取り入れ、効果を上げたことでも知られる。今後も拡大する技能実習生との共存に向けた新たな試みに注目が集まる。

「バディー制度」の詳細が知りたくて、技能実習生の受け入れや指導を担う公益社団法人「トレイディングケア」の新美純子代表にお話を伺いました。

「トレイディングケアは、技能実習生の監理や職業紹介、人材育成を担う監理団体で、2019年4月にインドネシアから介護実習生の受け入れを始めたばかりの組織です。私は『素敵な監理団体があってもいいじゃないか』と思って、組織を立ち上げました。技能実習＝奴隷制度のようなことにならないように、本来の目的である技能移転を本気で考えています」

バディー制度は、簡単に言うと、地域の住民が〝相棒〟として技能実習生を見守り、手助けをする制度です。

技能実習生のバディー（相棒）を務めているのは、主婦や学生など、10〜90代のごく普通の一般市民。新美さんが、地元の友人や知人に声をかけて集めたボランティアの人たちです。

時には技能実習生の相談に乗ったり、実習生が住んでいる寮に食べ物を差し入れたり、買い物や地域のお祭りに連れ出したり、それぞれの方法で技能実習生たちと関わっているそうです。

新美さんが受け入れた第1期の実習生は、インドネシアから来た男女5人です。すでに受け入れ先の事業所で働いていますが、少しでも早く日本の生活に馴染んでもらおうと、新美さんは子どもたちとのスタンプラリーに誘ったり、近所のお祭りに呼んだりしているのだとか。

「彼らの日常生活に必要な日本語や生活習慣を身につけるのが狙いです。実習生はそれぞれの受け入れ先で仕事の指導は受けるものの、どうしても生活面の支援が手薄になりがちです。職場や寮が地域から隔離されていることも多く、孤立感から失踪につながることもあります。だから、私は、受け入れ側の事業所や地域にも協力していただいて、なるべく彼らを孤立させないようにしたいんです」

また、新美さんは自分で受け入れた技能実習生だけでなく、地域で暮らす別の技能実習生や留学生にも積極的に声かけを行っているそうです。

「なにか困っていることがあれば、相談してほしいなと思って。地域のコンビニや公園やゴミ収集所で声をかけることも多いですね」

あるときは、「日本人に初めて声をかけられた！」とうれしそうに言われたことがあるそうです。

# 第2章

# 〝移民国家〟になった日本

## 「移民政策は断じてとりません」

ところで、「はじめに」で、2019年春に施行された改正入管法によって、「日本は〝移民国家〟になった」という話をしましたが、もちろん、国のあり方が一夜にしてパッと変化したわけではありません。私たちが気付かない間に、状況はじわじわと変わり続けていたのです。

しかし、「日本はすでに〝移民国家〟なのだ」と急に言われてもよくわからない、そもそも〝移民〟とは誰のことだ、いったいどうすればいいのだ、と言いたくなる気持ちもわかります。

日本政府が、突然、「外国人労働者を受け入れる方向に舵を切る」と宣言したのは2018年6月のこと。いわゆる「骨太の方針」からです。ご存じのように、それまで政府はいわゆる外国人労働者が単純労働に就くことを認めてはいませんでした。

専門的・技術的な知識やスキルを有する高度外国人材は積極的に受け入れる一方で、それ以外の非熟練分野などの外国人は、労働力不足への対応や就労目的では原則受け入れないというものでした（ただし、実態は違っていて、以前から労働目的で入国して単純労働に就く外国人はいました。このへんのタテマエを重視する政府のスタンスが、さまざまな歪みや弊害を生み出す原因になってきたのです）。

「骨太の方針」は、政府の経済財政運営の指針ですが、2018年は「少子高齢化の克服による持続的な成長経路の実現」を副題に掲げ、少子化や人手不足に対応するという理由で外国人労働者の受け入れ拡大を盛り込みました。

安倍晋三首相はこう説明していました。

「人手不足が深刻化しているため、一定の専門性、技能を有し即戦力となる外国人材を幅広く受け入れていく仕組みを早急に構築する必要があるのです」

そして、2018年秋の臨時国会において、改正入管法は、十分な審議はしないまま、「拙速すぎる」と反対する野党の意見も押し切る形で可決され、2019年4月の施行に至りました。

このとき、安倍首相は「移民政策は断じてとりません」と頑なに繰り返していました。

「いわゆる移民政策をとる考えはありません。深刻な人手不足に対応するため、即戦力になる外国人材を期限付きで受け入れるものです——」

新聞やテレビでは連日のように、外国人労働者（政府は「外国人材」という言葉を使っていましたが）について報道をしていたものの、何がどう変わったのか、専門家でもすべてを把握していた人はほとんどいないはずです。

変化の実態についてはこのあとで触れるとして、ここではまず、「そもそも〝移民〟とは誰のことか」という話からしていきましょう。

## いるのにいない〝移民〟とは？

安倍首相は、国会の答弁で何度も「移民政策はとらない」と言い続け、日本国内の〝移民〟の存在も否定してきました。〝移民〟という言葉にはネガティブなイメージがあり、選挙でもプラス要因にはならないからでしょう。

本書でも〝移民〟という言葉が何度も出てきますが、そのほとんどをあえてカッコ付きで扱っているのは、この〝移民〟という言葉が少々デリケートな単語だからです。取り扱いには十分注意しなければなりません。使われる時と場所によって、意味合いが少しずつ変化する言葉なのです。

日本で使われている一般的な意味を広辞苑で調べると――、【移民】とは、「他郷に移り住むこと。特に、労働に従事する目的で海外に移住すること。また、その人」とあり、「移民労働者は外国人労働者に同じ」ともあります。

つまり、日常的に使われている日本語の〝移民〟は、海外移住すること自体を指す場合もありますが、だいたい「外国人労働者」と似たような捉えられ方をしていて、「海外へ出稼ぎに行く人」、もしくは、「海外から出稼ぎに来た人」というニュアンスを強く含んでいるように思われます。

また、どちらかと言えば、所得の低い国や地域から働き口を求めて移住する人のことを指しているようにも感じられます。

しかし、調べてみると、意外にも、〝移民〟という言葉には国際的な定義はありません。

国連の統計局などでは、「国外で3カ月以上暮らす人」を「短期移民」とし、同じく「1年以上暮らす人」を「長期移民」と呼ぶのが一般的だとしています。

この〝国連式〟だと、たとえばニューヨークに長期滞在する日本人アーティストも、東京に単身赴任しているアメリカ人の証券マンもどちらも等しく〝移民〟なのです。イチローもマー君もダルビッシュも立派な〝移民〟でしょう。

そうやって〝国連式〟にカウントするなら、日本には現在、270万人以上の〝移民〟がいることになります。

また、広辞苑のように外国人労働者を〝移民〟とみなすならば約146万人が、永住者を〝移民〟とするなら約77万人の〝移民〟が日本にいることになります。

どちらにしてもそれなりの数の〝移民〟がいることには間違いなさそうですが、安倍政権は〝移民〟の存在を認めていません。

ちなみに、自民党が独自に定義づけたものが、労働力確保に関する特命委員会の報告書に書かれています。それによると「『移民』とは、入国の時点でいわゆる永住権を有する者であり、就労目的の在留資格による受け入れは『移民』には当たらない」ということです。

この定義に照らすと、日本に〝移民〟はほとんどいないことになるのです。

実際には日本で暮らす外国人が大勢いるにもかかわらず、〝移民〟はいないことになっています。在留外国人の管理をするための入管法はあっても、彼らの生活を保障するような、社会統合を図るための法律はないのです。つまり、わかりやすく言うなら、彼らは法治国家であるはずの日本にいながら、その枠組みの外にいる存在なのです。

皮肉なようですが、それこそ、〝外の人〟という意味での〝ガイジン〟なのかもしれません。

## 「不良イラン人」と「ジャパゆきさん」

これまで、日本政府は〝移民〟の受け入れには否定的でした。

いや、この言い方はきっと正しくありません。正確には、長い間、「外国からの単純労働者には就労ビザを与えない」という体面を守りつつ、裏口（バックドア）や勝手口（サイドドア）から入国することは暗に認めてきたのです。むしろ積極的に勧めてきたと言ってもいいかもしれません。

いわゆる「3K」と呼ばれるような「きつい」「きたない」「きけん」な労働現場では、1980年代以前から人手不足が叫ばれており、観光ビザで入国した外国人がそのままオーバーステイして、そういう現場で働くケースも少なくありませんでした。

また、バングラデシュやパキスタンなどの国は、日本とビザ免除協定を締結していて、ノービザで来日できたこともあり、彼らの多くが地方の工場などで働きはじめました。

そうした中、90年代前半に急増したイラン人たちを印象深く覚えている方も多いのではないでしょうか。

彼らは、1988年のイラン・イラク戦争休戦後から1992年にビザ免除協定が停止されるまで、多くがビザなしで日本に入国し、そのまま日本に留まった人たちです。

イランからやってきた人の多くがそのまま日本に留まったのは、母国の情勢が不安定だったこともありますが、バブル景気に沸く当時の日本では多くの労働力が必要とされていました。一時期は不法滞在者だけで4万人を超えていたという報告もあります。

また、彼らの多くが変造テレフォンカードの密売などに手を染めていた事実があり、当時、上野公園や代々木公園などにたむろする「不良イラン人」は大きな社会問題にもなりました。

しかし、ビザ免除がなくなると、非正規滞在者への取り締まりが厳しくなり、イラン人の数は減り続け、現在、日本に滞在するのは3000人程度と言われています。いまでは在留外国人の中ではマイノリティーの部類に入りますし、いまも日本で暮らしているイラン人たちは、当時、テレフォンカードの密売をしていた非正規滞在者たちとはほとんど関係のない人たちでしょう。

非正規滞在者の中には「ジャパゆきさん」と呼ばれた女性たちもいました。その呼称は、かつて、江戸末期から明治大正期において、娼婦として中国大陸や東南アジアに渡った日本人女性を「からゆきさん」と呼んだもじりですが、「ジャパゆきさん」は「からゆきさん」とは逆方向でフィリピンやタイや中国から日本にやってきた女性たちでした。

彼女たちも一時期、大きな社会問題になりましたが、外国人女性が性風俗店に身を沈める実態がなくなったわけではありません。ある意味では、〝普通〟になったぶん、現在も野放しになっている状態ではないでしょうか。

## 「定住者」としての日系人

イラン人やバングラデシュ人たちと入れ替わるように、労働力として日本に来たのが、日系ブラジル人や日系ペルー人など、日本人の血を引く人たちでした。

契機になったのは、1990年の入管法改正です（2019年の入管法改正と同じく、1990年の改正でも外国人の在留資格に大きな変化がありました）。

そのひとつが、「定住者」という新しい項目が増えたことです。永住権を持つ「永住者」や在日コリアンたちを指す「特別永住者」ではなく、「定住者」という新規のカテゴリができたのです。

日本政府はこうして、在留資格を新しく増やすことで、その都度、〝移民〟を受け入れてきました。

「定住者」は主に、日系二世、三世のための在留資格です。

海外へ移住した日系一世（日本人）の子や孫として出生した二世や三世たちからなる「定住者」資格には、「永住者」や「日本人の配偶者資格等」と同等に在留中の活動に制限はありません。単純労働でアルバイトすることもできますし、就職することも可能です。

私が取材した茨城県下妻市で暮らす日系ペルー人二世の夫婦は、日本語が流暢ではなく、ボディランゲージを交えての会話であればまだしも、電話での日本語会話にはかなりの困難が伴い、彼らのレストランの住所を聞くだけでも簡単ではありませんでした。

彼らは90年代前半にそれぞれ別々に入国し、別々の工場で働いていましたが、出会って結婚、一女をもうけました。

「ずっと日本にいるつもりはなかった」と言っていましたが、子どもが生まれたことで日本に〝定住〟することを決意したそうです。

20代で、当時、バブルが弾ける直前の日本にやってきて、お金を貯めて母国に帰るつもりだったのが、気付いてみればもうすぐ30年。日本にいる時間のほうが長くなったけれど、結局、彼らは日本語を体系的に学ぶ機会には恵まれませんでした。

彼らのレストランは駅の真ん前にありましたが、地元のタクシー運転手もその存在を知らず、日本人の社会からは完全に無視されているように見えました。

## 本当は労働者じゃない「技能実習生」

1990年の入管法改正を契機としてつくられた在留資格がもうひとつありま
す。「技能実習」です（当初は「研修」の名目で新たに創設され、現状のように
「技能実習」という名目に変わったのは2010年の入管法改正から）。

この「技能実習」という制度は、2018年の臨時国会でも「労働環境が劣
悪」「1年間で7000人が失踪する」「死因はなぜか溺死が多い」などと、さん
ざん取り上げられていましたが、実に問題の多い制度です。

2018年末の時点で、約32万8000人が「技能実習生」として働いていま
すが、労働基準監督署などが技能実習生が働く事業所のうち7334カ所を監
督・指導したところ、70・4%に当たる5160カ所で違法残業などの法令違反

があったそうです（この70・4％という数字を見て驚くかもしれませんが、実は日本の産業全体でも違反率は66・8％もあるそうで、問題は違反の中身です）。「技能実習」では転職が認められておらず、労働現場が外部から隔絶された工場や農場であることも多く、中小の事業主のパワハラが罷り通っていることが少なくないのです。最低賃金以下で働かされていることや、残業代が出ない、給料がきちんと支払われないこともあるようです。

こうした状況を受けて、海外では〝現代の奴隷制度〟と呼ばれることもあるようですが、依然として、技能実習生の数は年々増え続けています。

技能実習制度の問題はどこにあるのでしょう。

よく言われることですが、この制度は、もともとは、外国人が日本の企業や農家などで働いて習得した技術を「母国の経済発展に役立ててもらう」という目的で創設された公的制度です。本来的には、どちらかというと、先進国が発展途上国のために人道的に行う援助のあり方に近いかもしれません。つまり、タテマエとしては、日本が国際貢献するために作られた制度なのです。

ですから、技能実習生はインターンであって、本来的な労働者ではありません。しかし、雇う方も働く方も誰も国際貢献などとは考えていないのが実情です。そして、実際には低賃金の外国人労働者をサイドドアから受け入れる便利なシステムとして機能してきたのです。


個人的には、2019年からは、正規に労働者を受け入れるための「特定技能」という在留資格ができたのだから、技能実習制度は廃止の方向でいいのではと思いますが、現時点で一番大きな問題だと思うのは、技能実習生がいろんなところで〝食い物〟にされていることです。

まず、送り出し国のブローカーに多額の借金を背負わされます。

特にベトナムなどは日本への渡航前に必要な費用として100万円近くを要求

するところもあるそうです。こうして借金をしてしまうことで、日本で契約外の労働をさせられても、借金が足かせとなり、身動きが取れなくなってしまうのです。

また、受け入れ側、つまり日本の監理団体がブローカーにマージンを要求することもあるようで、そのお金も技能実習生の借金から払われるものでしょう。

それから、2019年夏に「週刊文春」のスクープから話題になりましたが、衆議院議員の上野宏史・厚生労働政務官（当時）は、「技能実習の職種のあり方に関する検討チーム」のトップにありながら、外国人の在留資格に関して法務省へ口利きをして、人材派遣会社から1件につき2万円の報酬を受け取ろうとしていたという疑惑報道を受けて、辞任しました。

その1件2万円というお金も、突き詰めれば、技能実習生の財布から出ていくものだったのでしょう。

こうした政治家の関与も氷山の一角かもしれませんが、もちろん、技能実習生に関する人たちすべてが悪徳ということはありません。

私の知り合いの千葉の農家は、ベトナム人の技能実習生を雇っていますが、彼らの寮はインターネットの環境を整え、夜ご飯などは一緒に食べることもよくあるといいます。

さらに実習生がベトナムに帰ってからも農業に従事できるように、現在、ベトナムで農園を整備中です。これこそ本来的な国際貢献のように思いますが、現在のシステムでは、実習生が事前に〝当たり〟の事業所や監理団体を選ぶことはできず、どんな事業所に当たるかはほとんど運任せのような状態なのです。

## 労働者として期待されている「留学生」

私たちの生活に一番身近な外国人労働者といえば、コンビニや居酒屋で働いている「留学生」でしょう。

「留学生」の多くは、本来的な労働者ではありませんが、もとから労働目的で来日している〝出稼ぎ留学生〟も少なくないようです。

留学生全体の数は、2018年末の時点で約33万7000人。そのうち9割以上がなんらかの形でアルバイトをしており、全国のコンビニで働く外国人は、大手3社（約5万店舗）だけで5万人を超えています。

これまで取材してきた「コンビニ外国人」のほとんどは留学生で、日本語学校の生徒がその多くを占めていました。

彼らは来日直後から2年目ぐらいの留学生たちで、その国籍は実にさまざまです。中国、韓国はもとより、ベトナム、ミャンマー、カンボジアなどの東南アジアが多いほか、都内では、ネパール人やウズベキスタン人、スリランカ人が多く働いている店舗・地域もあります。

コンビニや居酒屋で働いている留学生の多くは、母国の日本語学校や留学あっ旋業者を経由して、日本に留学しています。語学学校や専門学校や大学に通いながら、アルバイトとしてコンビニで働くのです。

留学生が「資格外活動」として働ける上限は「原則的に週28時間まで（夏休みなどは週40時間）」と決まっているものの、アルバイト自体は違法ではありません。

実はこの規制は世界的に見ると相当ユルいのだとか。アメリカやイギリスでは学生ビザでのアルバイトは原則禁止。カナダやフランスでは週20時間程度までだそうです。

取材した留学生の中には、週28時間を超えて働いていると教えてくれる子がいました。コンビニを掛け持ちすれば、法定時間以上働いてもバレることはないと言っていました。

また沖縄で話を聞いた留学生は、アルバイトをしているコンビニのオーナーから「お願いだから辞めないでくれ」と言われて、毎月、数万円のお小遣いをもらっていると言っていました。

コンビニのアルバイトは全国的に見ても慢性的な人手不足で、新しくアルバイトを採用するのも楽なことではないのです。

留学生がアルバイト先にコンビニを選ぶ理由を聞くと、業務は非常に複雑ですが、ある程度覚えてしまえばオペレーションは比較的単純であることや、仕事を通じて日本語がうまく話せるようになることのほか、「廃棄弁当をもらえるので食費を浮かせられる」といった声も聞かれました（廃棄弁当をスタッフが食べることは基本的にはどのコンビニの本部も原則的に禁止していますが、中にはオーナーの善意で留学生スタッフに配っている店舗もあるようです）。

積極的に、外国人スタッフを育成するコンビニもあります。

ローソンは、ベトナムと韓国に計5カ所の研修施設をつくり、レジ打ちや接客など、店舗作業の事前研修を行っています。ローソンの店舗スタッフ向けに人材派遣業務を請け負っている関連会社・ローソンスタッフでは、日本に来た留学生に対して最低30時間以上の実地研修を行いながら、日本語能力に応じて職場を紹介するそうです。

コンビニや居酒屋でアルバイトをしていても、相当に裕福な学生でない限り、その生活は決して楽ではありません。

時給1000円で計算しても、週に28時間であれば2万8000円。1カ月働いても手取りは10万円ちょっとにしかならないのです。

実家が裕福で仕送りをもらっていなければ、日本語学校の授業料のほか、家賃、光熱費、食費などの生活費を稼ぐ必要があり、さらに、来日時に留学あっ旋業者から100万円超の借金をするケースが多く、その返済にも追われているのが実情です。

家の近所のコンビニで働いていたスリランカからの女子留学生は、「本当は大学まで行きたいと思っていましたが、お金が貯められないので無理です」と言っていました。そういえば、最近、彼女の姿を見かけなくなりました。

## 新しい在留資格「特定技能」

２０１９年の改正入管法で新しく創設された在留資格が「特定技能1号、２号」です。

従来の在留資格と大きく違う点は、特定の業種において、一定の能力が認められる外国人に対して非熟練労働を許可している点です。この「特定技能」の創設こそが、日本が「外国人労働者を受け入れる方向に舵を切った」と言われる所以《ゆえん》です。

現在のところ、対象となっている14業種は以下の通り（「介護」「ビルクリーニング」「素形材産業」「産業機械製造業」「電気・電子情報関連産業」「建設業」「造船・舶用工業」「自動車整備」「航空業」「宿泊業」「農業」「漁業」「飲食料品製造業」「外食業」)。

より裾野の広い「特定技能1号」と、1号よりは高度で専門的・技術的な業務を遂行できる「特定技能2号」に分かれます。

「特定技能1号」が対象とするのは、「特段の訓練を受けず直ちに業務を遂行できる水準」の技能を持つ外国人。通算5年間の就労が可能となっています。

「特定技能2号」は、監督者としても業務を統括できる程度の水準の高い技能を持つことが条件となっています。大きな特徴としては、在留期限の更新が可能なことで、家族の帯同も認められます。つまり、更新を繰り返せば、ほぼ永住できる在留資格でもあるのです。

政府は今回の改正により、直近の5年間で最大34万5000人の外国人労働者の受け入れを見込んでおり、初年度の2019年度は最大で4万7000人の受け入れを見込んでいましたが、スタートして半年経った時点では、特定技能の資

## 特定技能の資格を得た219人の内訳

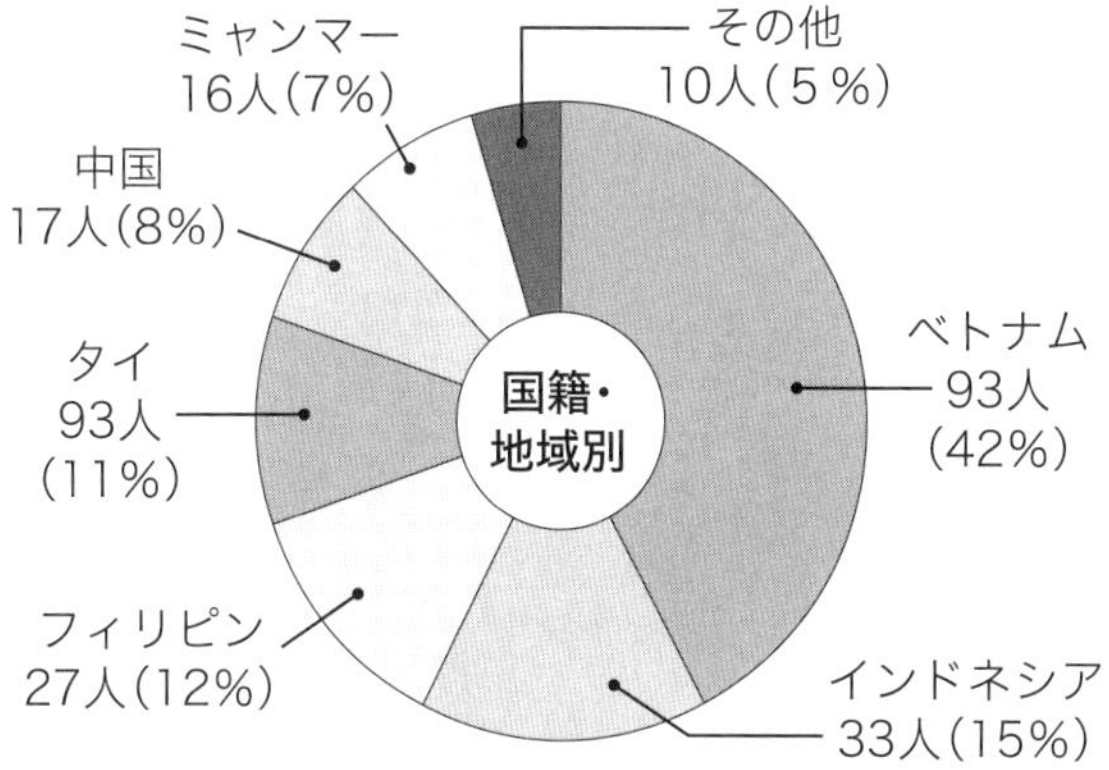


### 就労先の業種別トップ5

| 分野 | 人数 | 割合 |
|---|---|---|
| ① 飲食料品製造業 | 49人 | 22% |
| ② 産業機械製造業 | 43人 | 20% |
| ③ 素形材産業 | 42人 | 19% |
| ④ 農業 | 31人 | 14% |
| ⑤ 外食業 | 20人 | 9% |

### 居住先の都道府県トップ5

| 都道府県 | 人数 | 割合 |
|---|---|---|
| ① 岐阜県 | 29人 | 13% |
| ② 愛知県 | 24人 | 11% |
| ③ 大阪府 | 23人 | 11% |
| ④ 兵庫県 | 20人 | 9% |
| ⑤ 北海道 | 18人 | 8% |

出典：「特定技能外国人、政府見込みのまだ2％　準備不足を露呈」朝日新聞デジタル（2019年11月13日配信）

格を持つ在留外国人はわずか219人だったことがわかりました（2019年9月末現在、出入国在留管理庁調べ）。

まだ始まったばかりではありますが、出足は鈍く、希望者も政府の見込みより大幅に少ないようです。

受け入れ先の農家や企業は新資格に期待する一方で、働く側の外国人が「受け入れの広がりを見極めたい」と慎重な見方をしていることが大きな原因のようです。

新資格に必要な技能は、産業ごとに定められた試験などの方法によって確認されます。今回の改正入管法では、留学生が専門学校や大学で学んだ分野以外の業種にも就けることになったので、留学生の就職の幅も広がりました。

また、「特定技能1号」の業種は、現在は14分野ですが、外食産業が入っていて、コンビニがなぜ入らなかったのかなど、その線引きはあいまいなようにも見受けられます。「特定技能」に関しては、今後、どうなっていくのか、注目していく必要があるでしょう。

# 第3章

# 留学生と難民

## ハンバーガーとタピオカティーと留学生

予想通りの時間に自宅のドアベルが鳴り、インターフォンに出ると、「お届けです」という声が聞こえました。どうやらインターネットで注文したハンバーガーが届いたようです。

配達してくれたのは外国人スタッフのようでした。見た感じでは20代前半の、おそらくはウズベキスタンなど中央アジアからの留学生でしょうか。彼と会うのはそのときが初めてでしたが、こちらはすでに彼の顔も名前も知っていました。なぜなら、私が利用したのは「ウーバーイーツ（Uber Eats）」というフードデリバリーサービスで、ネット上で注文と会計を済ませると、配達員の顔や名前を確認できるのです。

「ウーバーイーツ」は、東京や大阪などの都市圏で流通している外資系の配達サービス。配達専門のスタッフが料理を受け取って、指定の場所まで届けてくれるシステムです。

街中で、大きな箱を背負って自転車を漕いでいるスタッフを見ていると、外国人留学生が多いようです。

ハンバーガーを受け取るときに、玄関先で少し話してみました。

「留学生？」

「はい。日本語学校に行ってます」

「ウズベキスタンから？」

「はい、そうです」

「稼げる？」

「……？」

稼ぐ、という言葉がわかりづらかったようなので、別の言葉で聞いてみました。

「時給は高い？」

「あー、ほかのバイトよりはたぶんいいです。私の友だちは1日2万円お金もらったことあります」

「ウーバーイーツ」の収入は週給の歩合制で、エリアによって歩合の料金システムが違ったりして複雑ですが、オートバイを使っている人などは1日で3万円稼ぐ強者もいるのだとか。

働く時間も自分で自由に決められるので、週に28時間しか働けない留学生にとっても都合がいいのでしょう。

同じ日の夜にまた「ウーバーイーツ」で、今度はタピオカティーを頼んでみました。

「ウーバーイーツ」の登録店舗はどんどん増えていて、2016年のサービス開始当初は東京の港区と渋谷区だけで150店舗程度だったものが、いまでは1万店舗を超えているのだとか。それこそハンバーガーチェーンから、個人店までいろんなお店のメニューを出前で楽しめるのが魅力です。

タピオカティーを届けてくれたのは日本人の専門学校生でした。

「（ウーバーイーツは）外国人留学生のアルバイトが多いですよね。事前にクレジット決済されていることも多くて、ほとんど、受け取った商品を届けるだけですから複雑な日本語も必要ない。それに、いまはレンタル自転車もあるし、簡単に始められるから人気なんだと思います。客が配達員を評価するシステムだから、日本人でも外国人でもヘンな人はいないと思いますけど」

外国人留学生の数は、この30年間で約10倍に増えていて、2018年末の時点で約33万7000人もいます。そして、そのうちのほとんどが「資格外活動」としてアルバイトをしていることはすでに触れた通りです。自分の裁量でアルバイトできる「ウーバーイーツ」に外国人留学生が多いのも納得です。

しかし、なぜ、これほど留学生の数が増えたのでしょう。

なぜ、労働者ではないはずの留学生が労働力としてカウントされ、結果的に日本経済に組み込まれているのでしょうか。その理由と背景を紐解いていくと、今後の「となりの外国人との付き合い方」も少し見えてくるように思います。

## 〝経済大国〟の責任と留学生の増加

外国人留学生とアルバイトの歴史を振り返ってみます。

〝資格外活動〟として彼らにアルバイトが解禁されたのは1983年7月のこと。第一次中曽根内閣で入管法が改正され、それまで原則的には禁止されていたアルバイトが週20時間程度できるようになりました。

ちなみに『ジャパン・アズ・ナンバーワン』という経済書が日米でベストセラーになったのが1979年。日本の自動車生産台数がアメリカを抜いて世界第1位になったのが翌年のことです。それから3年、4年、日本の経済がまだ右肩上がりに成長している時代でもありました。

当時の世論はどのような反応だったのか、閣議決定された当日（1983年6

月21日）の新聞を調べてみると、予想とは裏腹に好意的な記事が並んでいて少し驚きました。

「アルバイトを通じて、わが国の文化、社会を理解することが国際交流を深めるうえで有意義であるとの秦野法相の考え」（読売新聞）

「アルバイトの『原則自由化』は西欧先進国にも例がない。各国で事情が違うため、一概に比較ができない面はあるが、世界でも画期的な方針としている」（朝日新聞）

「秦野法相はこの改善策によって『留学生がアルバイトで日本の実社会を体験して、日本をよく理解してもらえるのでは』と期待している」（中日新聞）

秦野法相とは、70年安保の時代には警視総監を務め、〝武闘派〟として知られた秦野章のこと。アルバイト解禁の背景には「経済大国としての責任を果たすべき」というような、いまからすると少々牧歌的な意識があったようにも思われます。

## 留学生30万人計画の行方

その後、留学生の数は〝順調〟に増え、1998年には「原則的に週28時間まで」のアルバイトができるようになりました。そして、80年代に行われた「留学生10万人計画」を踏襲する形で「留学生30万人計画」が打ち出されたのが2008年。当時、約14万人だった留学生を2020年に30万人まで増やすべく施行されました。

当時の担当官のコメントが、2019年の夏までオフィシャルサイトに残されていました。

「グローバルな時代の中で、日本が、高度人材の大きな供給源となる留学生を高等教育機関に積極的に受け入れていくということは、日本の国際的な人材強化につながるのみならず、日本と諸外国との間に人的なネットワークが形成され、相互理解と友好関係が深まり、世界の安定と平和への貢献にもつながることだと考えています」

よそ行きの美辞麗句で飾られていてわかりにくいのですが、つまり、政府は「高度人材をより多く受け入れる」ことを至上命題に留学ビザの要件を緩和し、世界中から留学生をどんどん受け入れたということがわかります。しかし、いざフタを開けてみると、高度人材に結びつくようなエリート留学生の数はあまり増えませんでした。

拙著『コンビニ外国人』という本の取材では、東京大学の大学院で学ぶベトナム人留学生から話を聞きましたが、彼のような存在は、全体から見ればほんの一握りです。留学生の多くは、日本語学校や専門学校に通う人たちで、出稼ぎを目的にした留学生も少なくありません。

実際、東大の留学生が日本の企業に就職する割合は3割程度と言われていて、政府が目論んでいたような「高度人材の供給源」になっているとは言えないのではないでしょうか。

端的に言って、高度人材を呼び込むプラットフォームだったはずの「30万人計画」の失敗は明らかになった、というわけです。

しかしながら、〝労働力を確保する〟という意味合いにおいては「30万人計画」は皮肉にも成功しています。ひょっとすると、もとからそういう意図があって計画されたものだったのか、そんなふうにも訝ってしまうわけです。

目標を前倒しして30万人計画を達成したいま、「ポスト留学生30万人計画」はどうなるのでしょうか。

さらに受け入れ人数を増やして「50万人計画」とするのか。「100万人計画」

とするのか。学生不足で経営難に悩む大学や専門学校、特定技能1号が指定する14の職種から漏れたコンビニ業界などは、もっともっと留学生の数を増やしたいはずですが、担当の文科省は、留学生が30万人を超えて1年が過ぎても沈黙したままです。

## 大卒の留学生　初年度に年収400万円も

2018年秋にイギリスの大手人材コンサルティング会社がまとめた報告によれば、日本は「IT分野などの高度なスキルを持つ人材確保が最も難しい国」に認定されました。かなり残念なニュースですが本当のことでしょう。

日本の転職市場は、IT関連の人材を中心に、アメリカや中国などアジア諸国と比べて、給与の割安感が強まっていると言われています。

1989（平成元）年と2019（平成31）年の企業の世界時価総額ランキン

グを比べれば一目瞭然です。

平成元年は、ＮＴＴを筆頭に、上位20社のうち14社を日本の企業が独占。しかし、平成31年は1社もなくなっています。日本企業の時価総額が下がっているわけではないのですが、回りがぐんぐん成長して、日本が置いていかれてしまったのです。

昭和の後半が右肩上がりの時代だったのに比べて、平成の30年は、日本がほとんど成長しなかった30年と言えるかもしれません。

この〝失われた30年〟において、日本のサラリーマンの給料はほとんど増えていません。いわゆるデフレの状態が続いています。

需要の高い職種では、中国企業の給与はすでに欧米と並んでいます。大手企業のＩＴディレクターの給与相場などは、上海が約１９２０万〜３０００万円以上にもなるというのを聞くと、日本にはそれほど景気のいい企業はないように感じられます。

## 世界時価総額ランキング

| | 平成元年 | | | 平成31年4月 | | |
|---|---|---|---|---|---|---|
| 順位 | 企業名 | 時価総額（億ドル） | 国名 | 企業名 | 時価総額（億ドル） | 国名 |
| 1 | NTT | 1638.6 | 日本 | アップル | 9,644.2 | 米 |
| 2 | 日本興業銀行 | 715.9 | 日本 | マイクロソフト | 9,495.1 | 米 |
| 3 | 住友銀行 | 695.9 | 日本 | アマゾン・ドット・コム | 9,286.6 | 米 |
| 4 | 富士銀行 | 670.8 | 日本 | アルファベット | 8,115.3 | 米 |
| 5 | 第一勧業銀行 | 660.9 | 日本 | ロイヤル・ダッチ・シェル | 5,368.5 | オランダ |
| 6 | IBM | 646.5 | 米 | バークシャー・ハサウェイ | 5,150.1 | 米 |
| 7 | 三菱銀行 | 592.7 | 日本 | アリババ・グループ・ホールディングス | 4,805.4 | 中 |
| 8 | エクソン | 549.2 | 米 | テンセント・ホールディングス | 4,755.1 | 中 |
| 9 | 東京電力 | 544.6 | 日本 | フェイスブック | 4,360.8 | 米 |
| 10 | ロイヤル・ダッチ・シェル | 543.6 | 英 | JP モルガン・チェース | 3,685.2 | 米 |
| 11 | トヨタ自動車 | 541.7 | 日本 | ジョンソン&ジョンソン | 3,670.1 | 米 |
| 12 | GE | 493.6 | 米 | エクソン・モービル | 3,509.2 | 米 |
| 13 | 三和銀行 | 492.9 | 日本 | 中国工商銀行 | 2,991.1 | 中 |
| 14 | 野村証券 | 444.4 | 日本 | ウォルマート・ストアズ | 2,937.7 | 米 |
| 15 | 新日本製薬 | 414.8 | 日本 | ネスレ | 2,903.0 | スイス |
| 16 | AT&T | 381.2 | 米 | バンク・オブ・アメリカ | 2,896.5 | 米 |
| 17 | 日立製作所 | 358.2 | 日本 | ビザ | 2,807.3 | 米 |
| 18 | 松下電器 | 357.0 | 日本 | P&G | 2,651.9 | 米 |
| 19 | フィリップ・モリス | 321.4 | 米 | インテル | 2,646.1 | 米 |
| 20 | 東芝 | 309.1 | 日本 | シスコ・システムズ | 2,480.1 | 米 |
| 21 | 関西電力 | 308.9 | 日本 | マスターカード | 2,465.1 | 米 |
| 22 | 日本長期信用銀行 | 308.5 | 日本 | ベライゾン・コミュニケーションズ | 2,410.7 | 米 |
| 23 | 東海銀行 | 305.4 | 日本 | ウォルト・ディズニー | 2,367.1 | 米 |
| 24 | 三井銀行 | 296.9 | 日本 | サムスン電子 | 2,359.3 | 韓国 |
| 25 | メルク | 275.2 | 米 | 台湾セミコンダクター・マニュファクチャリング | 2,341.5 | 台湾 |
| 26 | 日産自動車 | 269.8 | 日本 | AT&T | 2,338.7 | 米 |
| 27 | 三菱重工業 | 266.5 | 日本 | シェブロン | 2,322.1 | 米 |
| 28 | デュポン | 260.8 | 米 | 中国平安保険 | 2,293.4 | 中 |
| 29 | GM | 252.5 | 米 | ホーム・デポ | 2,258.2 | 米 |
| 30 | 三井信託銀行 | 246.7 | 日本 | 中国建設銀行 | 2,255.1 | 中 |

出典：「平成最後の時価総額ランキング。日本と世界その差を生んだ 30 年とは？」STARTUP DB 編集部（2019年7月17日）

就職を目指す留学生の進路として、需要が増えているのはどのような職種でしょうか。

都内で留学生の就職支援をする会社に聞いてみると、いま、需要が多いのは、「技能実習生や留学生を管理するマネージャー職」だそうです。

「日本語とベトナム語、日本語とネパール語など、不自由なく流暢に話せるバイリンガルなら、初年度で年収400万円を保証する会社もあります。『本人の希望年収も最大限支給します』という会社さんも多いですね」

今後、外国人労働者をマネージメントする役職の需要はますます高まっていくのかもしれません。

しかし、大卒の留学生でも、希望する職種へはなかなか就職できないのが本当のところです。「日本の企業で就職したい」と願っても、実際に就職できるのは全体の3割から4割程度だといいます。外資系企業に流れる留学生も多いのが実情です。

こうした状況を受けて、２０１８年9月には、大学や大学院を卒業する留学生の就職制限が緩和されました。これまでは、大学などで学んだ内容と関係する職種にしか就職できませんでしたが、２０１９年4月の改正入管法でこうした制限も撤廃されました。

## 別府の〝スーパーグローバル大学〟

留学生を単なる金ヅルとしか考えないような大学がある一方で、留学生を日本に有用な人的資源と考えて、世界中から優秀な学生を受け入れている大学もあります。

大分県別府市の中心から車で約20分、街を見下ろす小高い山の上にある「ＡＰＵ（立命館アジア太平洋大学）」です。

日本人の親世代にはそれほど知名度はありませんが、文科省が支援する「スーパーグローバル大学」にも選ばれ、2000年の開学以来、多くの留学生を受け入れています（現在は5830人の総学生数に対して、日本人学生が2924人、外国人留学生が2906人とほぼ半数ずつという割合）。

授業は基本的に英語と日本語の2カ国語で行われ、学内の貼り紙も多言語。大学職員も3カ国語以上を話すマルチリンガルが多いそうです。

「APUは、日本で一番ダイバーシティ（多様性）のある大学だと思います」と言うのは、出口治明学長です。出口学長はずっとアカデミアの世界にいた人ではなく、京都大学法学部を卒業後は、生命保険会社に長く勤め、ロンドン現地法人社長、国際業務部長などを歴任して、東京大学総長室アドバイザーなどを経て、ライフネット生命保険を開業、2018年に学長に就任したという異色の人物です。

「APUの外国人留学生は、92の国や地域から来ています。彼らの多くは入学時には日本語をほとんど話せないのですが、2回生になる頃にはほとんどペラペラになっている。どうしてかといえば、留学生はまず原則的に1年間の寮生活を送るのです」

日本人学生と留学生が相部屋になるようにペアを組んで、共同生活を送ることで、留学生は言葉と同時に日本の文化やゴミ出しのルールなども覚えていくそうです。

質のよい学生を呼び込むために、国際認証の取得にも積極的で、世界のビジネススクールの5％のみが認証を受けているという「ＡＡＣＳＢ」（日本では3校目）や、観光学教育の国際認証である「ＴｅｄＱｕａｌ」（国内では2校目）などを受けており、イギリスの高等教育専門誌「タイムズ・ハイヤー・エデュケーション」による2019年の世界大学ランキングの日本版では、西日本の私立大学で1位、全国私大で5位という高評価を得ています。

ＡＰＵができたおかげで、別府市は外国人留学生人口の割合が京都市に次ぐ日本第2位（2019年）の街となり、市民の意識もずいぶん変わったそうです。

繰り返しますが、現在、外国人留学生は全国に33万人以上います。コンビニや飲食店やホテルで働く彼らが、アルバイトとして貴重な労働力になっているのは間違いありませんが、本当の意味で彼らに期待したいのは日本の社会を活性化することだと出口学長は言います。

「APUでは、学生たちからの要望が多かったこともあって、2018年7月から『APU起業部』（通称・出口塾）を作りました。学生の中から起業家を育成して、国内外で活躍してもらおうという実践型の課外プログラムです。バングラデシュからの留学生が考えた皮革製品のブランドは、すでに大学生協で商品を売り出しています」

バングラデシュでは、牛皮がゴミ処理場や川に廃棄されて、悪臭や水質汚染などの環境問題が起きているのだそうです。その社会問題の解決策の一つとして、捨てられる牛皮を使った皮革製品を考えつきました。

「ノートパソコンのケースやキーホルダーなど、2018年11月からAPUの生協でも売っています。今後はバングラデシュの女性の社会進出や教育支援のために、『製造工場には女性を雇用する』『売り上げの一部から本を子どもたちにプレゼントして識字率を向上させる』など、教育の改善を目指す方向でも考えているようですね」

## 「大学は秋入学を導入するべき」

労働生産性とも絡めた出口学長の話は印象的でした。

「日本の労働生産性は、1970年以降、G7（主要7カ国）で最下位です。平成の30年間を経済面で総括すると、低迷としか言いようがありません。新しい世界トップの企業の顔ぶれは、GAFAやその予備軍としてユニコーンと呼ばれる企業です」

「そのほとんどがアメリカや中国の企業ですが、世界中の優秀な学生がなぜアメリカを目指すのかといえば、『アメリカで学ぶ価値がある』と考えるからです。そして彼らを受け入れる土壌もある。だから毎年100万人もの留学生が集まる。アメリカの留学費用は安くありません。学費に住居費などを含めれば1年で1000万円近くかかりますが、100万人×1000万円は10兆円です。それだけのお金がアメリカには毎年入ってくる」

「いま、日本に10兆円を生み出す輸出産業がどれだけあるでしょうか。日本も見習わないといけない。そして日本でもユニコーンとなるような新しい企業を日本で起業してもらう、もしくは働いてもらうのです」

そのための最初の一歩として、出口学長は、世界のスタンダードと合わせて、「大学は春に加えて秋入学を導入するべき」と断言していました。

ご存じのように日本の教育システムは小学校から一貫して4月入学です。世界基準の9月をスタートに加えることで、「ずいぶん多くの留学生が日本に目を向けるはずです」と出口学長は言います。

本気で日本の将来を考えるのであれば、そのくらいの工事は考えていかないといけないのかもしれません。

世界中から高度人材となる留学生を集めるには、日本にはまだまだやれること、やらなければならないことが多そうです。

## 地元・別府で起業する元留学生

APUを卒業したばかりの元留学生が配達サービスの会社を設立したと聞いて、取材をお願いしました。

バングラデシュ人のレザー・イフタカーさん（24）です。

イフタカーさんが資本金300万円で別府に設立したのは、株式会社「マイニチモンキー」という会社。ちょうど「ウーバーイーツ」にも似たフードデリバリー業です。外国人の起業を促すため国の制度が2018年1月に変わり、全国で初めて適用されました（以前は外国人が「経営・管理」のビザを取得するには500万円の資金が必要でした）。

イフタカーさんは、APU在学中に「APU起業部」で経営の知識を深めつつ、試験運用と市場調査を進めていましたが、市内に約650人の潜在的な利用者がいたことがわかって、一定の手応えを感じたそうです。

「別府に限った話ではありませんが、最近は買い物に困る高齢者もいます。今後は日用品も配達しておじいちゃんやおばあちゃんの生活を便利にしたい」と話します。

イフタカーさんの日本語は流暢で、英語も含め5カ国語を使いこなします。

「いまはまだ実際にはAPUの学生の利用が多いのですが、街の利用者も少しずつ増えてきています。ですから、宣伝もたくさんして、がんばって働いて、会社を大きくしたいですね。別府は第二のふるさとなので、別府にも恩返ししたいと考えています」

現在は、学生のアルバイトを含めて4人と少ないのですが、少しずつ規模拡大していく予定だとイフタカーさんは言います。

APUの留学生が増えたことで、彼らが母国で別府の噂を広げ、さらに観光客を呼び込むなど別府の街には外国人が急増しています（外国人観光客は2018年に約59万7000人となり過去最高を記録）。

「別府は温泉が有名で、僕も最初は裸になるのが恥ずかしかったですが、いまはぜんぜん大丈夫。毎日でも入りたいです（笑）」

別府では地元住民の多くが外国人に対して好印象を抱いているというデータもあり、留学生と地域の関係をめぐる成功例のひとつかもしれません。

## 「リトル・ヤンゴン」で暮らす元会計士の難民

東京・高田馬場界隈が、ミャンマーの旧首都の名を冠して「リトル・ヤンゴン」と呼ばれるようになったのは２０００年代に入ってすぐの頃でした（現在の首都は２００６年よりネピドー）。

もちろん、外国人留学生が日本一多い大学である早稲田大学（約５０００人）のお膝元なので、駅前を歩けばいろんな国籍の外国人とすれ違うのですが、高田馬場を含む新宿区には現在、約２０００人のミャンマー人が暮らしているのです。

もともとは、高田馬場から西武新宿線で数駅先の中井駅の近くに、ミャンマー人たちが通う仏教寺院があったことで、少しずつ大きなコミュニティになっていったそうです。

たしかに思い出してみると、すでに90年代後半には高田馬場駅近くにミャンマー料理店がちらほらとできはじめていました。当時、物珍しさもあって、20代だった私も2、3軒食べ歩いたのを覚えています。あれから20年近く経ったいまも、駅の周辺にはミャンマー料理店や雑貨店が何軒もあり、コンビニや居酒屋でも多くのミャンマー人留学生が働いています。

2011年のミャンマーの民主化以降は、日本にやってくるミャンマー人の数も増え、この10年で倍増しました。その中でも、1991年に来日したチョウチョウソーさん（55）は、オールドカマーの一人と言えるでしょう。

「日本に来てもうそろそろ30年です。私は人生の半分を日本で過ごしたことになります」

穏やかに語るチョウチョウソーさんは、現在、高田馬場駅から歩いて数分の、神田川のそばで「ルビー」というミャンマー料理店を営んでいますが、その半生は実に波乱に富んだものです。

ヤンゴン経済大学を卒業後、会計士として働いていた彼の人生が一変するのは

1988年のこと。民主化運動に加わったことが原因で軍事政権に睨まれ、弾圧を受けるようになったのです。

すでに結婚していたものの、民主化運動を続けるために、妻をおいてタイ経由で日本に辿り着いたのが28歳のときでした。

来日当初は、新大久保の2Kのアパートに14人のミャンマー人たちと身を寄せ合って暮らしていたそうです。

その頃の日本はバブル景気のまっただ中でした。工事現場などはどこも人手不足で、外国人労働者も数多く働いていました。

チョウチョウソーさんは、独学で日本語を覚え、職を転々としながらもなんとか食いつなぎ、来日から5年が経った1996年、日本政府に難民申請をして、その2年後にようやく難民認定され、「定住者」の在留資格を得ました。最初は観光ビザで日本にやってきたので、オーバーステイの期間が長かったそうです。

「難民認定されるまではやっぱり不安でしたよ。いつ強制送還されるかわからない。（軍事政権下の）ミャンマーに強制送還されれば殺されたかもしれない」

翌年には妻を呼び寄せて、２００２年に「ルビー」をオープン。それからすでに20年近くが経ち、その間に、母国も民主化されました。

「２０１１年にミャンマーが民主化されて、しばらくしてからミャンマーにも里帰りしてみました。街の様子もすっかり変わっていましたね」

特に驚いたのが、ミャンマー人たちが普通に政治の話をしていたことだとか。

「民主化されるまでは、そんなことできなかったんですよ。でも、いまは普通。自分の意見を堂々と話すことができる。日本ではそれは普通ですけど、それがすごくうれしかったです」

日本で「難民」と聞くと、遠い存在に感じるかもしれませんが、難民認定されたあとはチョウチョウソーさんのような「定住者」や「特定活動」という在留資格が与えられます。

「定住者」は主に日系二世、三世などに与えられる在留資格で、就労に制限はありません。

「特定活動」は就労には制限がありますが、法務大臣から定められた内容のものであれば就労することもできます。

## 〝欧州難民危機〟から何を学ぶべきか

ここで〝移民〟と難民との違いについて考えてみましょう。

第2章で〝移民〟には国際的な定義がないと書きました。しかし、「難民」には国際的な定義がきちんとあって、「難民の地位に関する条約」において、「人種、宗教、国籍、政治的意見やまたは特定の社会集団に属するなどの理由で、自国にいると迫害を受けるかあるいは迫害を受けるおそれがあるために他国に逃れた人々」とされています。

難民として認定されると、滞在する国において、「信仰の自由」「移動の自由」

「働く権利」「教育を受ける権利」など最低限の人権が保障されます。
チョウチョウソーさんのように、祖国の民主化運動をしたことで政治的迫害を受けて他国に逃れた人は難民です。「母国に帰りたい」と思っても帰ることができなかったからです（それでも申請から認定まで2年もかかりました）。

国連難民高等弁務官事務所（UNHCR）の報告によれば、世界ではいま、過去最高の7000万人近い人たちが難民として自分の国を追われた状態にあります。地球規模でみれば、全人口の100人に1人がそういった状況におかれているのです。

特に、内戦の絶えない国々では毎年大勢の人々が難民として国を追われていますが、100万人以上の難民がヨーロッパに流入したと言われる2015年の〝欧州難民危機〟を振り返ってみましょう。
難民たちの乗ったボートが難破し、シリア人の幼い男の子の遺体が浜辺に打ち上げられていたショッキングなニュース映像を覚えている人も多いと思います。

シリアなど中東諸国で多くの難民が発生したもともとの原因は各国の内戦です。そこへ「イスラム国」（ＩＳ）などのテロリスト集団による殺戮行動が重なり、２０１４年以降、シリアやイラク、アフガニスタンといった国々で大量の難民が発生したのです。そうした動きは北アフリカのスーダンやソマリアなどにも飛び火し、翌年にはさらに多くの難民がトルコやギリシャを経由して西ヨーロッパを目指す異常事態となりました。

ヨーロッパ諸国の中で、難民を積極的に多く受け入れたのはドイツです。ご存じのようにドイツは、メルケル首相が率先して門戸を開放し、この数年で１００万人以上の難民を受け入れてきました。

一方の日本は、難民条約には加入していますが、難民の受け入れ数が極端に少ないことで知られています。

ちなみに日本が受け入れた難民の数は、２０１８年は42人、２０１７年はわずか20人でした。この10年間の合計でも約２００人です。

日本もかつて多くの難民を受け入れていた時期があります。

どんな人たちだったのかといえば、１９７５年のベトナム戦争終結後以降のインドシナ難民です（インドシナとは、主にベトナム、ラオス、カンボジアの３カ国を指します。元フランス領で仏印とも呼ばれます）。

ベトナム全土が社会主義化されたのをきっかけに、隣国のラオスも社会主義化、さらに、カンボジアでは原始共産主義を掲げた親中派のポル・ポト政権が樹立されました。そして、それぞれの国で迫害された人々や体制に不安を持った人々が、小さな船で国外に逃れたのです。

日本にもそうした「ボートピープル」が次々に漂着しました。当初、政府は受け入れに難色を示していましたが、ベトナム戦争当事国のアメリカから圧力を受けたことや国際社会からの批判もあり、結果として、2005年までの約30年間で1万1000人以上の難民を受け入れました。そのうち、1400人以上は日本国籍を取得して、いまでは日本人として各地で暮らしています。

## ガストアルバイター制度

2015年のドイツに話を戻します。

多くの難民を受け入れようというメルケル首相の人道主義的な動きは、国民も納得していました。メルセデス・ベンツなどの大企業も難民受け入れを率先して表明し、当時、連邦議会に議席のあったすべての政党がメルケル氏の政策を支持したほどです。

その背景には、ドイツが1950年代から「ガストアルバイター（ゲスト労働者）制度」を採用し、トルコなどから多くの外国人労働者が入国した経緯があります。

「ガストアルバイター」は、あくまでもゲスト（お客さん）であり、「いつかは帰る人たち」として扱われていたのですが、予想に反して多くの者がドイツに残り、さらに家族を呼び寄せるなどして、その数はどんどん増えていきました。

サッカーW杯でも大活躍した元ドイツ代表のメスト・エジル選手も、トルコ移民三世です（彼はまだ現役の選手ですが、2018年のW杯ロシア大会の後にドイツ人やドイツサッカー協会から「人種差別を受けた」として電撃的に代表を引退してしまいました）。

ドイツ語が不自由なことからいい職に就けず、低賃金で働く「ガストアルバイター」によって、ドイツの経済構造は二分されて、外国人の下層階級を生み出すことになってしまったのです。社会が分断されたことで対立構造が生まれ、深刻な貧困問題も起こりました。貧困や差別は、治安の悪化にもつながります。

ドイツではこうした状況を反省材料とし、2005年からすべての〝移民〟に対して、600時間のドイツ語のクラスと45時間のドイツ社会に関するオリエンテーションの時間を設けています。言葉と社会のルールを学ぶことで、〝移民〟だけでなく、受け入れる側も暮らしやすい国づくりを進めようとしているのです。

また難民に対しても、住宅や生活費が提供されることになっているだけでなく、難民審査の結果を待つ間にも、宿泊場所や食事などが無料で提供されます。

そうした予算は当然、すべてドイツ国民からの税金で成り立っています。ロイターの報道では、ドイツが2018年に〝移民〟・難民政策に費やした額は230億ユーロ（約2兆7000億円）ということで過去最高となるそうです。ドイツの国家予算は約3600億ユーロですから、全体の約6・3％。国家予算が約100兆円の日本で考えれば、約6兆円の予算がつく計算になります。

ドイツでは、過去の反省から、〝移民〟や難民にこうした手厚い保護をしているのですが、これに対して、一部の市民から不満の声が上がるようになっているのも事実です。

そうした声に迎合して政治票に結びつける、いわゆるポピュリズム政党の躍進もみられるようになりました。「反移民・反イスラム」を掲げる右派政党「AfD（ドイツのための選択肢）」などがその代表格と言われています。そして、難民や〝移民〟への反発は、右派勢力の拡大や反EU（欧州連合）感情の高まりを生み、ヨーロッパ全体に波及しています。

メルケル首相は、難民の受け入れ政策などが原因で支持率を急落させ、事実上の退任に追い込まれました。メルケル首相の任期は2021年まで続きますが、難民や移民に対して、ドイツがどのような路線をとっていくのか、日本としても注視していく必要があると思います。

日本でも、外国人労働者を「いつかは帰る者」として、サイドドアやバックドアから受け入れられてきましたが、実際にはすでに70万人以上が「永住者」となっていますし、現実として日本で暮らしているのです。

状況は同じではありませんが、日本も移民先進国のドイツから学べることは多くあるはずです。〝メルケル後〟のドイツにも注目です。

## 難民になりすます人たち

さきほど、日本の難民受け入れ数が極端に少ないことに触れました。

受け入れが20人だった2017年は、難民申請者の数は1万9629人でした。つまり、約2万人が申請して、20人しか難民認定されなかったのです。申請者の0・1％しか難民として認められなかったということなのですが、これにはまたちょっと特殊な事情も絡んでいました。

どういうことかといえば――、2010年に定められた規則が原因でした。

法務省は、留学生や技能実習生などの外国人が難民申請をした場合、申請から

6カ月後以降は就労を認めており、これを受ける形で難民申請を行う人が急増したのです。

この「申請から6カ月後以降は就労を認めて」というのがポイントでした。留学生の場合、本来は資格外活動として週に28時間のアルバイトしか許されませんが、難民申請をして半年経てば、無制限に働くことができるという夢のような処置だったのです。

この〝難民ビザ〟の噂が広まって、2010年は1202人だった申請者が、2017年には2万人近くまで増加したのです。

つまり、「短期滞在」や「留学」「技能実習」という在留資格で日本に滞在している外国人たちが日本でもっと長く働くために難民申請をしていたのです。

職を求めて外国へ出ていく人たちは難民ではありません。

そのため、法務省も対応に乗り出し、2018年からは、「明らかに難民に該当しない」と判断した人らは就労を認めない運用を始めました。その後、申請者の数は減少に転じ、2018年には前年から半減して約1万人となっています。

## 埼玉の「ワラビスタン」

2019年3月中旬の日曜日、クルド人たちの「ネウロズ」という祭りがあると聞いて、さいたま市の秋ヶ瀬公園に向かいました。「ネウロズ」は、春を祝う新年祭で、陽気な音楽に合わせて男女が輪になって踊ります。ちょうどつくしが出始めた春の公園で、色鮮やかな伝統衣装に身を包んだ人たちが踊る様子は圧巻でした。

踊りに参加しない子どもたちは、サッカーボールで遊んだり、鬼ごっこをしていましたが、どの子も共通言語として日本語をしゃべっているのが印象的でした。きっと日本で生まれ育った子どもたちなのでしょう。

端のほうではケバブを焼く人たちもいます。祭りにはクルド人が200人……、

クルド人たちの祭り「ネウロズ」

いやもっと来ていたかもしれませんが、なぜそれほど多くのクルド人たちが毎年集まるのでしょうか。

実は、近隣の川口市や蕨市にはクルド人のコミュニティがあるのです。日本全国には約2000人のクルド人が住んでいますが、そのうちの6割近くが埼玉県南部に住んでいるそうで、クルド人の故郷の呼び名であるクルディスタンと蕨をかけて〝ワラビスタン〟と呼ばれているのです。

クルド人は、国を持たない世界最大の民族です。クルディスタンと呼ばれるのは、トルコ、イラン、イラク、シリアの4カ国にまたがった地域のこと。クルド人の人口は3000万人以上と言われていますが、それぞれの政府から迫害を受け、その多くが難民としてクルディスタンを出ています。現在も、トルコとシリアが国境近くのクルド人勢力を排除しようとして武力衝突しており、その背後にロシアやアメリカも加わるなど、代理戦争的な国際紛争にまで発展しています。

たとえばトルコには徴兵制がありますが、徴兵されたときに内戦が起これば、クルド人は同胞のクルド人と闘わなければならないのです。

埼玉県南部に住むクルド人たちもほとんどの人が、それぞれの国に戻ることはできず、日本で難民申請をしています。しかし、過去にクルド人が難民認定された例はなく、みな「仮放免」という状況にあります。

「仮放免」とは、難民としては認めないが、人道的な判断から在留は許可するというもの。

しかし、就労は認められず、健康保険に加入することもできません。また移動の自由も著しく制限されており、居住県外へ移動する場合はあらかじめ申請しなければなりません。そしていつ入管に収容されるかわからない状況で毎日を過ごしています。

## 「弟がずっと入管に収容されています」

「ネウロズ」などの情報を教えてくれたのは、JR埼京線・十条駅前でクルド料理店「メソポタミア」を仕切っているワッカス・チョーラクさんです。

チョーラクさんはトルコ東部の町で生まれたトルコ国籍のクルド人です。2006年からはマレーシアの大学で経営学を学んでいましたが、その年に旅行で訪れた日本を気に入り、2009年には再来日。すでに兄が住んでいた川口市で暮らしはじめました。

来日から10年が経ったいまでは、チョーラクさんはすでに永住権を持っています（永住権を持った外国籍の女性と結婚）。そして、店を切り盛りする一方で、日本クルド文化協会の代表として仕事をし、2019年からは東京外国語大学初のクルド語講師として教壇に立つなど、精力的に活動しています。

母国で会計士をしていたチョウチョウソーさんもそうですが、チョーラクさんもいわゆるエリートです。

しかし、実の弟が長期にわたって入管に収容されているという話を聞きました。弟のメメットさんは難民申請中で、「仮放免」の身分です。

「(収容が)何年続くかわかりません。心配です」

3月の、ちょうど「ネウロズ」の数日前のことでした。収容されているメメットさんが体調不良を訴えた際、入管が救急車を2度も追い返したことで全国的なニュースにもなりました。

結局、メメットさんが入管から解放されたのは6月17日。収容期間は1年5カ月に及びました。

メメットさんは、解放後に弁護士と記者会見を開き、次のようなコメントを残しています。

「体調が悪いことを入管職員に伝えたが『まだ生きているじゃないか』と言われた。人間扱いではなかった」(「毎日新聞」2019年6月24日)

「家族がバラバラにされて苦しかった。なぜこんなに長く収容されたのかも、なぜ仮放免が認められたのかも説明がなく、わからない。まだ（収容施設の）中で苦しんでいる人はほかにもいる。長期収容をなくしてほしい」（同）

実は、裁判所が懲役刑などの期間を決める刑事訴訟法と異なり、入管難民法には収容期間を定めた条文がありません。どういうことかといえば、入管に収容されてしまうと、際限なく拘束される恐れがあるのです。実際、入管に長期収容される外国人が増えており、最近では2年以上収容されている人も珍しくなってきました。

あまりにひどい扱いに絶望し、収容中に自殺する外国人もいます。入管の対応に抗議をして、ハンガーストライキをする外国人も少なくありません。

2019年6月には、長崎県大村市の大村入国管理センターで、収容中だったナイジェリア人男性がハンストが原因で死亡しました。

入管の収容中の外国人の扱いのひどさは、国内外の人権団体や国連からも問題視されています。

## 葛飾区の「リトル・エチオピア」

高田馬場に「リトル・ヤンゴン」があり、埼玉県蕨市周辺が「ワラビスタン」と呼ばれているように、「リトル・エチオピア」と呼ばれている地域があります。東京・葛飾区の四つ木周辺です。フーテンの寅さんで知られる柴又までは電車で数分という距離にある下町ですが、そこには80名ほどのエチオピア人が暮らしています。日本最大のエチオピアン・コミュニティです。

政情不安定な母国から逃れてきた彼らの多くは、短期ビザで日本に入国した難民申請者。昼間は廃油工場で、夜はレストランで働くエフレム・ハイレさんもそんな一人です。エフレムさんに与えられているのは、「特定活動」という在留資格。職業には一定の制限はありますが、「仮放免」の人たちよりは多くの権利が認められています。

「日本に来たあと10年以上も（難民申請を）繰り返してるけど、なかなか認められないですね」

それでも多くのエチオピア人がエフレムさんのように四つ木周辺に住んでいるのは、そこには彼らを受け入れてくれる素地があるから。

周辺の工場や商店で働くエチオピア人も珍しくありません。

「この辺はいい人が多いんですよ」とエフレムさん。

「下町だからみんな優しい。仕事もあるし。アパートの大家さんも優しい。都心も近いし葛飾はいいところですよ。エチオピアにはたぶん帰れないから、これからもずっと葛飾に住みたい」

こんな流暢な日本語をほとんど独学で覚えたそうですから驚きますが、「日本語とエチオピアの言葉は似てるから」と笑います。どうやら彼らが使うアムハラ語と日本語の発音は似ているようです。

「ＮＰＯの人たちにもお世話になっています」

エフレムさんが言うＮＰＯとは、ＮＰＯ法人アデイアベバ・エチオピア協会のこと。日本に住むエチオピア人たちの自立支援や文化交流などを行っている団体です。

理事の1人である菊池久美子さんは、「支援しているという感覚はないんですよ」と言います。

「私自身も彼らと関わっていて楽しいですし、逆にこちらが教わることも多い。日本語に関しては、まだ来日して間もない人や子どもたちに教えるクラスをやっています。ボランティア集めなど大変なときもありますが、楽しみながらやってますよ」

# 第4章

# 日本語という壁

## コトバを学ぶ大切さ

私は20代の一時期、外国人労働者だったことがあります。

といっても本気の〝移民〟ではなく、大学を1年間休学した際に数カ月間だけニュージーランドで働いたのです。

そのときに取得したのは「ワーキングホリデービザ」でした。「ホリデー（休日）」というくらいなので本格的な就労ビザではありません。学生などの若者が長期休暇を楽しみながら働くという趣旨のビザです。

現在、日本と「ワーキングホリデービザ」の二国間協定を結んでいる国は、イギリス、カナダ、オーストラリア、韓国、台湾などの24カ国。もちろん、日本人の若者がそれぞれの国に働きに行くだけでなく、相手国から日本に来て働いている人たちもいます（年間で1万人程度）。

私は、本当はスキー場で働きたかったのですが、スタッフとして働くには英語力が十分ではなく、面接には受かりませんでした。得られたのは小さな農場の羊飼いの仕事でした。スキー場で働けなかったのは残念でしたが、外国での羊飼いとしての生活は、20歳そこそこの私にとって何にも代え難い体験となりました。しかし、同時に、言語の習得がいかに大切であるかをそのときに痛感しました。

外国で暮らすには、何をするにもコトバの問題がつきまといます。

言うまでもなく、共通の言語は外国人同士が相互理解を深めるための最良のツールです。

羊飼いとして働きはじめた頃、牧場の壊れた柵を直すのに、牧場主にトンカチやクギがどこにあるのかを聞くのでさえも一苦労でした。逆に言うと、コトバがわかれば、それだけその国の文化や人々を理解するスピードも速くなりますし、それだけ深く理解することもできるのです。

日本で暮らしている外国人と私たち日本人との関係で言えば、カギになるのは日本語です。

日本語が不自由なく話せれば、コミュニケーションには困りません。地域社会と円滑な関係性が保てるだけでなく、仕事に必要な知識や技能も身につけやすくなるでしょうし、職場における労働生産性や安全性の向上にもつながるはずです。また、日本の文化や慣習に関する知識なども増えるはずですから、きっと地域社会との融和もスムーズに図れるでしょう。

## 義務教育の外側で

いま、日本で暮らす外国人のための日本語教育環境は、とても十分であるとは言えません。

ドイツが〝移民〟に対して、スムーズな社会統合を図るために600時間のドイツ語教育を施しているのとは対照的に、日本にはそのようなプログラムがないのです。

日本語学校などに通う留学生は別として、外国人が日本語を学ぶ環境にはバラつきがあるうえ、地域差もあります。

外国人の子どもたちの場合はどうでしょう。

不就学の子どもが全国には約2万人いるという話には先に触れましたが、いま、全国の公立学校に在籍していながら「日本語がわからない子ども」は、4万人以上いると言われています。そして、そのうちの1万人以上が、「日本語教育が必要だ」と判断されたにもかかわらず、何の支援も受けておらず放置されているのです。つまり、一応、学校には通っているものの、先生やクラスメイトの言っていることばがわからず、孤立してしまっている外国人の子どもたちが大勢いるのです。

親に連れられて日本に来たものの、日本語を学ぶ機会もなく育ってしまうと、どういうことになるでしょう。

いま、日本で暮らす外国人の子どもや外国にルーツのある子どもが抱えている「ダブルリミテッド」という問題があります。

「ダブルリミテッド」とは、2カ国語（たとえば日本語と両親の母国のコトバ）がある程度は話せるが、両方とも中途半端な状況を指します。つまり、2カ国語がペラペラなバイリンガルとは逆の状況です。

そのまま成人してしまうと、日本にいても、親の母国に戻ったとしても苦労することは明らかです。

しかし、どうしてこういうことになってしまうのでしょうか。

日本には小中学校を合わせた9年間の義務教育がありますし、政府も外国人の子どもを地域の公立の学校で受け入れるようにアナウンスしているはずです。

しかし、最終的な判断はそれぞれの学校に委ねられているのが現状なのです。

また、日本国憲法では、すべての国民は無償で初等教育を受ける権利があるとされていますが、日本国民ではない外国人の子どもたちは、親に永住権があっても、義務教育を受ける権利が保障されていないのです。

そのため、外国人の子どもが「学校に行きたい」と願っても学校側から断られてしまうケースが発生しているのです。日本語をまったく話せない子どもの場合、その子だけ違うカリキュラムで授業を行うことも考えなければなりません。そうした余裕が学校側になければ、門前払いされてしまう場合が少なくないのです。

## 日本語を教えるボランティア

在留外国人が増加する一方で、日本語を教える人材の確保にも課題があります。

文化庁の報告によると、現在、日本語教師は（日本語学校で教壇に立っている専門の日本語教師を含め）、国内に約4万人いると言われていますが、そのうちの半数以上が無報酬のボランティアというのが現状です。

本来であれば、国が率先して面倒を見なければならないにもかかわらず、「困っている外国人に手を差し伸べたい」というボランティアスタッフの良心に頼っている状況なのです。

ボランティアの人たちが、どんなふうに日本語を教えているのか知りたくて、地域で日本語を教えている教室を覗いてみました。取材に協力してくれたのは、東京・荒川区にある「多文化共生センター東京」です。

「多文化共生センター東京」は、2001年の設立以来、外国にルーツのある子どもたちのための教育支援活動を行っている認定NPO法人です。

平日はそういった子どもたちのための学びの場としてのフリースクールを開き、土曜日は子どもも大人も学べるボランティアによる日本語支援教室などを開催しているのです。

ある土曜日の午後、旧教育センターの教室で始まったのは「親子日本語クラス」です。

「建物は荒川区から借り受けています。行政からのこうした場所の支援は、都内でもあまりありません。安定した学ぶ場所の確保は、教育にとっても必要条件です」（枦木《はぜき》典子代表理事）

NPO法人の日本語教室にとって、〝場所〟も大きな問題です。

午後1時からの「親子日本語クラス」には、外国人の生徒が15人ほど、ボランティアも同じくらいの人数が集まりました。

基本的にはマンツーマンで日本語を教えていくそうですが、組み合わせはその日の顔ぶれによって変わるそうです。

この日の生徒たちの中で印象深かったのは、来日してまだ数カ月というある母子でした。

母親のAさんは、会社員の夫の仕事の都合で、日本へと移住してきました。中国語と韓国語を話せますが、日本語はまだ十分ではありません。娘さんもまだ日本語に不慣れということで、土曜日の「親子日本語クラス」に参加しているとのことでした。

「文法を学びたい」というAさんに、中国語を交えながら市販のテキストを使って日本語を教えていたのはベテランのボランティアです。

「この文章の、『中国は大きい国です』は、『大きな国』でも言えますか?」

「『このリンゴは、安いし、大きいです』の『し』は、どういう意味ですか?」

次々に質問をするAさんがすごく真剣に日本語を学ぼうとしているのを見て、休憩時間にその理由を訊きました。

「私の夫は、来年、日本で、自分の会社を、作りたいです。だから、私も、娘も、日本語、勉強、一生懸命がんばりたいです」

Aさんの夫は、近いうちに独立して日本で起業したいのだそうです。勉強熱心なAさんなら、あと何カ月かすれば日常生活にはそれほど苦労しなくなるだろうと思いました。

## ボランティアに参加してみてわかったこと

午後3時半からの「子どもプロジェクト」には、私もボランティアとして参加させてもらいました。

「子どもプロジェクト」は、基本的には宿題などの学校の勉強をする時間ですが、「勉強よりおしゃべりがしたい」という子どもにはボランティアが話し相手になることもあるそうです。

私が担当したのは、この日が初参加というフィリピンから来たBさんという10代の女の子でした。

私が担当になったことで、日本語の勉強が嫌いになってしまったら大変です。最初はこちらも少し緊張しましたが、知っているタガログ語をいくつか話すと、何度か笑ってくれてホッとしました。若い頃にあちこち旅行をしていた経験が少し役に立ちました。

Bさんは、来日してまだ間もなく、日本語の勉強もほとんどしていないということで、ひらがなの練習をしました。「つくえ」や「とけい」をひらがなで書いたり、「うま」や「ねこ」など動物の名前を書いたりしました。彼女は、「ぬ」と「ね」の区別が難しいと言っていました。

考えてみると、日本語は世界でも稀に見る複雑な言語かもしれません。たとえば、学習をスタートさせる時点で、英語ならアルファベット26文字を覚えれば済むものを、日本語はひらがなとカタカナだけで100文字あって、さらに数千字もある漢字をひとつひとつ覚えていかなければならないのです。

「漢字については、母国が漢字圏であるか非漢字圏であるかでもずいぶん違います」と杤木代表は言います。「また、日本語の学習を始めるタイミング（年齢）によっても習熟のスピードは違ってきます」

現在、土曜日の活動に登録しているボランティアは、大学生から70代まで、実にさまざまな人たちで構成されています。

「日本語教師の資格があるに越したことはありませんが、もちろん、なくても大丈夫です。大切なのは人と関わるのが好きなこと。私自身は長く小学校の教員をしていた人間ですが、いまでも教えながら、自分自身が学ぶことのほうが多い気がしています。ここは、多様な人たちが互いに学び合う場でもあると感じています」（杤木代表）

ボランティアの人たちは「子どもの成長を見るのが楽しみで毎週来ています」という人もいれば、「月に1回、自分のできる範囲でやっています」という人までさまざまでした。

その中の1人、2年前からボランティアを続けている会社員の広部潤さんはこう言います。

「僕の教えたことをいつか何気なく思い出してくれたり、その子が幸せになるのに少しでも役立ってくれたらうれしいじゃないですか。気がついたら、ここでボランティアを始めてもう2年経っていて、いまではもうすっかり生活の一部になっていますね」

こうした日本語教室は、どこでもボランティアを随時募集しているはずです。最初の一歩を踏み出すのは少しだけ勇気が必要ですが、気になっている人は、まず近所の日本語教室を探してみて、見学に行ってみるのもいいでしょう。あなたのことを待っている人たちがいるかもしれません。

## 子どもはすぐにコトバを覚えるというウソ

「子どもはすぐにコトバを覚えるという人もいますけど、あれはウソですよね。僕はずいぶん時間がかかりました」というのは、中国・福建省出身の張さん。父親が中華料理の調理師をしている関係で13歳のときに来日しました。

私が張さんと出会ったとき、彼はちょうど転職活動中でしたが、時間のある土曜日にはボランティアとして「多文化共生センター東京」の事務の手伝いをしているということでした。

「僕自身、ここでお世話になりましたし、大学生のときはここでインターンもしていました。いまもここに通う中国人の生徒さんが多いので、少しでもお役に立てたらいいなと思っています」

いまでは日本語もペラペラの張さんですが、来日当初はまったく話せなかったそうです。ひらがなもカタカナもわからない状態で中学校に入学しました。

「授業の内容はいっさいわからないまま教室にいる感じですよね。地獄です(笑)。かなり辛い状況でしたけど、僕がラッキーだったのは、その学校には中国人の子どもたちがほかにも10人くらいいたこと。だからわからないことがあれば彼らに聞けばよかったですし、台湾出身の優しい先生もいて、授業とは別に放課後に日本語を教わっていました。週に3日とか4日とか。先生はボランティアだったと思います。あとは土曜日にはここの日本語教室に通いました。それでも、日本語は難しくて、少し話せるようになったのは中3になってからですね」

聞いているだけで英語が話せるようになる、という英会話教材がありますが、外国語を聞いているだけで習得できるのはだいたい7歳までと言われています。10歳以降になれば、文法なども合わせた体系的な学習が必要と言われていて、第2外国語の日常会話を習得するまで2年はかかるそうです。

ですので、中学1年生で日本に来た張さんが日本語を話せるようになったのが中3のとき、というのは、普通のスピードと言えそうです。

その後、張さんは猛勉強の末に高校に入学、さらに、大学にも進学しましたが、中学校時代の張さんのように、わからないまま日本語の授業を聞いている外国人の子どもたちが日本には大勢いるのです。

かつて、そんな子どもだった張さんは、いま東京で就職活動しています。

「いまは、勤めていた飲料メーカーを辞めまして、転職活動中です。できたら日本語と中国語が使える貿易関係の仕事に就きたいと思っています。日本の会社がいいですよ。なぜって？　家族はみんな日本に住んでいますし、私は福建省の出身ですけど、中国でも景気がいいのは上海とか北京とか深圳とか大都会だけです。福建省などの地方ではあまり就職口もありません。中国の都会で仕事を探すよりは、慣れている東京で探したいです」

## 日本語教育推進法

もちろん、日本で暮らす外国人にとって、日本語教育が大事であることは政府も十分に認識しています。

文部科学省は「外国人高校生等に対する包括支援環境整備事業」を予算化して、いままで支援の外にあった外国人の高校生に対するサポートを始めようとしています。

背景にあるのは、外国人や海外にルーツを持つ高校生の中途退学率の高さ（日本語指導が必要な生徒の高校中退率は9・61％で一般的な公立高校生徒の中退率1・27％の7倍以上）や、進学率の低さなどです。

「この点はたしかに評価すべき点です」と「多文化共生センター東京」の枦木さんは言いますが、「実際には十分な受け入れ態勢が整っていないいま、見切り発車的なスタートで、現場では多くの混乱も生じています」。

法の整備は徐々に進みつつあるのですが、肝心な現場を置いてけぼりにしているようなのです。

また、2019年6月には、「日本語教育の推進に関する法律(日本語教育推進法)」が参議院本会議で可決、成立しました。

法律が対象としているのは外国人の子どもや留学生、就労者たちです。基本的施策のひとつとして、それぞれの学校に外国人児童生徒に対する日本語指導などを専門に担う教員や支援員を配置することなどが謳われていて、条文には、「国や自治体には日本語教育を進める責務があり」、「(外国人を受け入れる)企業には雇用する外国人に教育機会を提供するように努める責務がある」とも明記されています。さらに、日本語教育を希望する外国人については、希望や能力に応じて「機会が最大限に確保される」ことなども求めています。

つまり、外国人や外国にルーツを持つ人たちに対して、国や自治体や企業には日本語を教育する責任があるとしたものです。

しかし、さきほども触れたように、日本語教師の多くがボランティアであり、現状でも人手が足りていません。

現在、日本語教師には、一般の教員のような国家資格がなく、政府が「日本語教師のための新たな公的資格」を準備しているところですが、日本語教師やボランティアの人材をもっと増やしていくためには、日本語教師の社会的評価を高めていく必要があるのでしょう。

もしかしたら、張さんのように、日本で学んだ外国人が外国人のために日本語を教える未来もあるかもしれません。

## 外国人の子どもたちが学ぶ夜間中学

外国人の子どもたちが日本語を学ぶ場として、世間的にあまり知られていない場所があります。――夜間中学です。

夜間中学は、公立中学校の夜間学級。もともとは、戦後の混乱期に中学校に通えなかった子どもたちが夜間に学ぶために作られましたが、現在は、外国人の生徒も多く通っており、その数は2018年9月時点で1215人（「全国夜間中学校研究会」調べ）、夜間中学の生徒全体に占める割合は過去10年間で3割から7割に増えました。

母国での義務教育を修了していなかった子や、来日時点ですでに15歳以上になっていて日本の公立中学には通えなかったものの高校進学を目指す外国人の子どもたちが通っています。

2018年には「全都道府県で少なくとも1校以上の夜間中学開設」を謳う閣議決定がなされ、2019年には埼玉県川口市と千葉県松戸市に新しく公立の夜間中学校が開設されましたが、それでも公立の夜間中学は全国にわずか33校しかありません。東京や大阪、広島など9都府県にしかないので、夜間中学に通いたくても通えない人も大勢います。

かつて、山田洋次監督が撮った『学校』という映画は、夜間中学を舞台にした作品でしたが、いま見るなら『こんばんはⅡ』（監督・森康行、ナレーター・大竹しのぶ、２０１９年製作、37分）というドキュメンタリー映画をおすすめします。第77回キネマ旬報文化映画ベスト・テン第1位に選ばれた『こんばんは』（２００３年公開）の続編です。

『こんばんはⅡ』には、いろんな生徒が登場します。もちろん日本人の生徒も登場しますが、外国人の生徒もカメラの前で半生を語ります。

現在は大学に通うミャンマー人の男性やカンボジアからの難民だった女性。彼女は母国でポル・ポト派による内戦の悲惨さを語ります。

「内戦を乗り越えながら小学校に行っても、日本みたいに平和な小学校ではなかったんですね」

「戦争が始まって、働くだけの国民でした。カンボジアに生まれたというだけで、学校に行けなくなりました」

「生きていくには、……読み書きができれば未来が見える。学校へ行くと未来が広がります」

小学校2年生から働いていたというフィリピンから来日した女性は、夜間学校への感謝を語ります。

「私は自分の給料から服も学費も払っていました」

「(夜間学校に通って)自分の子ども時代にできなかったこと、味わえなかったことが味わえた」

「(夜間学校は)私の宝物」

「頭の中に入ったものは、人に取られない。人生は学校、学ぶことは生き延びること」

実に多くの人たちが夜間学校という存在に助けられている現実を教えられます。

ちなみに『こんばんはII』は、公式ウェブサイトでDVDの販売も行っていますが、2020年9月まで、1校でも多くの夜間中学開設を目指して「全国夜間中学キャラバン」として上映会を行っているそうです。

## 「つなみ！　にげて！」

突然ですが、こんなことを想像してみてください。

——街を歩いていて、突然、大きな地震が発生しました。近くにいた外国人のカップルが怯えた様子で道端にしゃがみ込んでしまっています。もしかしたら津波が来るかもしれません。

こんなときはどうすればいいのでしょう。

2011年の東日本大震災のときも、多くの外国人が被害に遭いました。

「津波が来ます。高台に避難してください」

防災無線やラジオの呼びかけは多くの日本人の命を救いましたが、放送の内容を聞き取れない外国人もいました。

実は、防災無線で呼びかけられた「高台」や「避難」の意味がわからなかった人が多かったのです。大半は隣近所の日本人に促されて逃げることができましたが、地震発生時に1人でいたフィリピン人女性は津波にのまれて亡くなってしまいました。

その女性はある程度の日常会話はできたそうですが、「高台」や「避難」という日本語を理解できなかった可能性が高いそうです。

反対に英語で考えてみるとわかりますが、「高台」も「避難」も英語では咄嗟《とっさ》に出てきません。

「高台に避難してください」を簡単な日本語に言い換えて、「高いところに逃げて」であれば、助かった命もあるかもしれないのです。

この教訓を受けて、2016年11月22日の福島沖の地震の際、NHK総合では、「すぐにげて!」という大きなテロップを出しました。その後、「つなみ! にげて!」というテロップに変更されました。また、日本語のわからない外国人のために「TSUNAMI」と英語表記、さらにサブチャンネルとラジオ第2で英語放送があることも呼びかけていました。

## 「やさしい日本語」を使ってみる

わずかな時間ですが、ボランティアとして外国人に日本語を教えてみて感じたのは、「外国人に日本語を教えるのはとても大変だ」ということです。日本語教師の人からは「何を言ってるんだ、そんなことあたりまえじゃないか!」と怒られそうですが、実際に教えてみるまでは、どれほど難しいか想像することもできませんでした。

はっきり言っておきますが、日本人なのだから日本語を教えるなんて簡単だ、と考えるのは間違いです。

日本語教育の現場で使われている「やさしい日本語」をご存じでしょうか。「やさしい日本語」とは、普通の日本語よりも簡単で、外国人にもわかりやすい日本語のことです。

先ほどの「高いところに逃げて」や、「つなみ！　にげて！」というテロップも「やさしい日本語」でしょう。

「やさしい日本語」が考え出されるきっかけになったのは、1995年の阪神・淡路大震災です。あの地震でも大勢の外国人が亡くなりましたが、災害発生時にも外国人が適切な行動をとれるように考え出されたのが始まりです。

たとえば、「落下物に備えて頭部を保護してください」と言われたら、日本人の大人ならわかるでしょうが、「落下物」や「頭部」や「保護」は外国人にはきっと難しいのです。しかし、「物が落ちてきます。危ないので帽子をかぶってください」と言い換えるとどうでしょうか。

「やさしい日本語」は、最初は災害時用に考えられましたが、その後は、平時における外国人への情報提供手段としても研究されて、行政情報や生活情報、毎日のニュース発信など、現在ではさまざまな分野で取り組みが広がっています。

いま、日本各地の自治体やさまざまな団体が、外国人向けの情報誌や防災マニュアルなどにやさしい日本語を活用しています。また、コミュニティFMの中には「やさしい日本語」による情報提供をしているところもあります。外国人を前にすると、すぐに英語で対応しようとする人もいますが、すべての外国人が英語を話せるわけでもありません。わかりやすい日本語で身振り手振りで話したほうが通じることも多いのです。

例文をいくつか挙げておきましょう。

（変更前例）「空腹ではありませんか？」

（変更後例）「ごはんを たべたい ですか？」

（変更前例）「そのシャツ、似合ってますね」

（変更後例）「その服、かわいいですね」

（変更前例）「ゴミ出しの分別のルールはわかりますか」

（変更後例）「ごみを わける きまりが あります。わかりますか？」

（変更前例）「携帯電話をマナーモードにするか、電源をお切りください」

（変更後例）「携帯電話の 音が でないように して ください。電話で 話を しない で ください」

（変更前例）「〇〇川の水位が警戒水位を超えました」
（変更後例）「〇〇川で 水がたくさん 流れています。雨と水が 多いです。危ないです」

２０１９年の台風19号は、全国に甚大な被害を及ぼしました。千曲川が氾濫した長野県の防災に関する公式ツイッター・アカウントでは以下の文言を投稿して、拡散されていました。

このツイートで、きっと多くの外国人が助

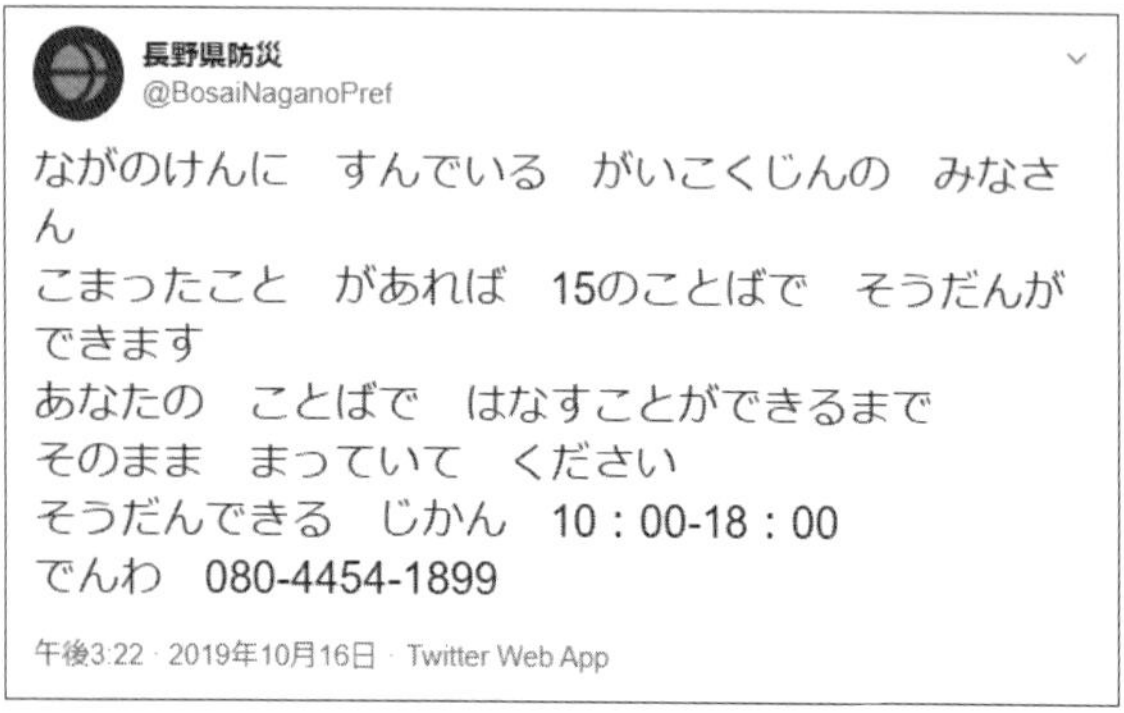
長野県防災
@BosaiNaganoPref

ながのけんに　すんでいる　がいこくじんの　みなさん
こまったこと　があれば　15のことばで　そうだんができます
あなたの　ことばで　はなすことができるまで
そのまま　まっていて　ください
そうだんできる　じかん　10：00-18：00
でんわ　080-4454-1899

午後3:22 · 2019年10月16日 · Twitter Web App

けられ、励まされたはずです。
最後に、やさしい日本語を使って外国人と話をするときのヒントに掲げられた5つのポイントを挙げておきます。

**【やさしい日本語　5つのポイント】**

（1）難しい言葉を避け、簡単な語を使う
（2）一文を短くして、文章の構造を簡単にする
（3）使用する漢字の量や内容に注意する
（4）あいまいな表現は避ける
（5）知っておいたほうがいいと思われる単語はそのまま表記し、言い換えを添える

## まずは日本語から

のです。

外国で声をかけられると、自分の存在を認められたような気がしてうれしいものです。

個人的な話ですが、この章の最初で触れたように、大学生のときに、ニュージーランドに半年ほどいたことがあります。留学ではなく、現地で仕事をしながら〝暮らす〟のが目的でした。

うまく仕事が見つからずに、求職の掲示板を見ていたときに、地元のおばあさんに声をかけられたことを20年以上経った今でも覚えています。

「最近、街で見かける黄緑色のトラックがどうやら日本から来たものらしいが、あなたはトラックに書いてある日本語が読めるか」と聞かれたのです。

彼女が指差したトラックを見ると、車体には「レンタルのニッケン」と日本語で書いてありました。どうやら日本から運ばれてきた中古トラックの車体に書かれた文字を消さずに、新しい所有者がそのまま乗っているようでした。

ただそれだけのことだったのですが、ひとりぼっちの外国人だった当時の私にとっては、知らない人から声をかけられて、街の一員のように扱われた気もして、とてもうれしい出来事だったのです。

新美さんのように、自ら監理団体を立ち上げて、さらに「バディー制度」で実習生の相談に乗ったりすることは、ほとんどの人にはできないことだと思いますが、地域で見かける外国人に声かけすることくらいはできるかもしれません。

単純なことですが、まずは「おはようございます」「こんにちは、暑いですね（寒いですね）」「国はどちらですか？」というようなやりとりから、お互いの距離がぐっと縮まることもあるのではないでしょうか。

外国人を見ると、「英語を話さなきゃ！」と考える人がいますが、すべての外国人が英語を話すわけではありませんし、アジア諸国から来ている技能実習生や南米から来ている人などは英語が不得意な人もいます。

まずは日本語で「こんにちは〜」でもいいと思います。

# 第5章

# 外国人と暮らす未来

## 「多文化共生」という考え方

これまで「多文化共生」という言葉が何度か出てきました。その字面からなんとなくはイメージできるかもしれませんが、「国際交流」とは何が違うのでしょう。

ここで政府の定義を記しておきます。

「多文化共生」とは——、国籍や民族などの異なる人々が、互いの文化的違いを認め合い、対等な関係を築こうとしながら、地域社会の構成員として共に生きていくことです（「多文化共生の推進に関する研究会報告書」総務省）。

「国際交流」というのは、外国人をお客様として歓迎して交流しようとする考え方ですが、「多文化共生」は外国人も地域で〝共に暮らす〟住民であるとの視点に立って、あくまでも対等の関係を築きながら、社会参加を促す仕組みづくりを目指すものです。

もちろん「多文化共生」は、日本人だけががんばって無理やりに達成できるというものではありません。同じ地域に暮らす日本人と外国人が互いに歩み寄ってはじめて成り立つものです。

わかりやすいイメージでたとえるならば、ラグビーのナショナルチームのようなものでしょうか。

ラグビーは、サッカーや野球など、他の多くのスポーツとは違って、代表チームでも国籍主義を取っていません。居住期間などの一定の条件を満たせば代表になれる資格があるのです。今回の、2019年のワールドカップでは、日本代表の31人のうち、実に海外出身者が史上最多の15人にもなりました。

ちなみにリーチマイケル主将は2013年に日本国籍を取得しているので現在は日本人です。ニュージーランド生まれなので、〝ニュージーランド系日本人〟です。

また日本代表の中心選手として、韓国人の具智元選手が活躍したことも大きな話題になりました。具選手は韓国籍のままですが、試合前には人一倍大きな声で君が代を歌っていたのが印象的でした。

育った環境や文化はそれぞれ違いますが、お互いを尊重しながら、「ワンチーム」として一丸となって闘うのです。それが〝多文化共生〟の考え方に近いのかもしれません。

## 全世界に公開された〝怖い国〟ニッポン

しかし、もちろん「多文化共生」も万能ではありません。

なんでもかんでも「多文化共生」という魔法のコトバで片付くものではなく、実際に実行・実現するのは容易なことではありません。考えてみれば、日本人同士でも互いによく知らない者が仲良く〝共生〟するのは難しいことです。夫と妻、嫁と姑だって、ひとつ屋根の下で暮らそうと思えばいろいろなことが起こります。他人同士がケンカひとつせず穏やかに過ごすのはきっと簡単なことではないのです。

「多文化共生」を成功させるには、日本人だけが努力していても成り立ちません。またその逆も然り。まずはお互いが歩み寄って、少しずつ相互に理解をして、尊重し合うことが、欠かせないのだと思います。


日本ではすでに多くの外国人が暮らし、私たち日本人は彼らの労働力に依存しています。農業、漁業、工業といった分野だけでなく、介護やサービス業までも現実として多くの外国人労働者に支えられているのです。そして、その割合は今後ますます増えていこうとしています。

しかし、その状況を私たちはいったいどれほど深く認識できているでしょう。隣人としての彼らをどれほど知っているでしょうか。

反対に、日本が世界からどう見られているか、私たちは想像できているでしょうか。

当たり前の心情として、外国からは「日本はいい国だ」と思われたいものです。

しかし、残念ながら、いまでは日本のあまりよくない評判も世界中に広まってしまっているようです。どうやらすでに〝日本は怖い国〟だと、一部の人からは思われているようなのです。

2019年8月下旬、あるウェブサイトで8分ほどの動画が公開されると、その動画は瞬く間に世界中に拡散されました。動画を作ったのは、イギリスの公共放送BBCです。

動画のタイトルは、直訳すると「日本の外国人労働者は〝搾取〟されている」というもので、中国から来た3人の元技能実習生たちを取材したレポートでした。実際に動画を見ると、平均的な技能実習生を描いたドキュメンタリーではありませんでしたが、単なる扇情的な番組ではありませんでした。

取材は、被害に遭った技能実習生たちが駆け込んだシェルターで行われていました。1人目の、縫製工場で勤務していた女性は、不当に安い賃金で休みなく働かされていたそうです。彼女はレポーターにこう訴えていました。

「朝6時半から深夜まで働きました。最初の半年間は休みが1日もありませんでした」

会社に言われた通りの額で計算すると、500万円ぶん近く働いたそうですが、残業代も支払われていないと。

彼女は「（毎月の）給与明細はぜんぶニセモノです」とも言っていました。ちなみに、彼女が働いていたのは、日本国内では有名なブランドの下請け工場です。シャツ1枚で何万円もするような高級ブランドです。

そのブランドの本部にしてみれば、「下請けや孫請けの工場の人事まで管理できない」というのが正直なところかもしれません。しかし、動画を見て、そのブランドに対する私のイメージはすっかり変わってしまいました。

2人目は別の工場で働いていた男性ですが、就業中に機械に手を巻き込まれ、指を欠損してしまいました。しかし、まだ何の補償もされていないと言います。

「社長は怪我の補償もせずに私を無理やり中国へ帰そうとしたから、私は断って、日本に残りました」

3人目の女性は、同僚から、「お前は中国から来た実習生なのだから、バカにされても言い返すな」などとイジメを受けて、精神的な苦痛を味わいました。そして、「これ以上生きていたくなくなった」と自殺を図り、3カ月間の入院を余儀なくされたそうです。その後、職場に復帰することはできませんでした。

彼女は泣きながらカメラの前でこう語っていました。

「日本に来なければこんなことにはならなかった。彼らが私をあんなにイジメたりしなければ、自殺しようとなんてしなかった」

こうしたブラック企業に対して実習生たちが声を上げられないのは、彼らが出国時に多額の借金を背負っていたからかもしれません。また、不当な条件での労働に対して、弁護士などを通じて訴える手段を知らないからかもしれません。知っていても経済的な理由で泣き寝入りしているのかもしれません。

しかし、このようなことが野放しにされていていいわけがないのです。

技能実習制度は、かねてから〝現代の奴隷制度〟と揶揄《やゆ》されてきましたが、今回改めて全世界に報道されたことで、BBCの公式フェイスブックには多くのコメントがついていました。

一部を翻訳して載せておきます。

「日本の真実を伝えてくれてありがとう。労働者の権利がまったく考慮されてない日本という国への敬意を失いました」

「日本は怖い国だ」

「日本と日本の裁判所は、日本人のためのものだから（こういう扱いを受けても）仕方がない」

「私の友人も言っていましたが、日本人は1日に10時間から12時間も働くそうです。完全に仕事中毒です」

同じように日本で実習生として働いていた人やその家族からの書き込みもありました。

「（技能実習制度は）本当に狂っているよ」

「私の弟も日本で働いて同じように扱われた。ストレスフルだった」

一方で、外国人労働者が過酷に扱われるのは日本だけではないとする意見や、多くの日本人もここで紹介されていた実習生と同様に低賃金労働者として酷使されている、世界中どこの国でも同じだ、という意見もありました。

ＢＢＣの動画では、技能実習生が過去5年で１５７人が死亡し、そのうち17人が自殺であったことも紹介していました。

そして、最後にこうまとめています。

――日本は、すでに目の前にいる彼らにどう対処していくか、目を逸らさずに考えなければならない、と。

たしかに、私たちは現実を直視する必要があります。外国人労働者たちは「これから増えていく」のではなく、「すでに隣人としてこの日本で暮らしている」のです。

「技能実習生は私の生活とは関係ない」と思っている読者も多いかと思います。数年前までは私自身もそう思っていました。しかし、繰り返しますが、私たちの生活は、いまや技能実習生など多くの外国人労働者の下支えがないと成り立たない社会になっているのです。

そして、いまでは政府もそのことを認め、さらに多くの外国人労働者を受け入れようとしているのです。

## ベトナム人の駆け込み寺「日新窟」

技能実習生の悲惨な労働環境については、BBCばかりでなく、日本のマスメディアでも盛んに報道されています。

2019年6月13日に放映されたTBS「News23」では、妊娠してしまったベトナム人の技能実習生について特集していました。相手は別の企業で働くベトナム人男性だったのですが、女性は妊娠が会社に見つかれば母国に強制送還されると思い込み、寮から逃げ出してしまったのです。

事実として、管理団体の契約書には「妊娠した技能実習生は強制帰国させる旨」が明記されていました（2019年3月、厚生労働省は技能実習生にも「妊娠・出産の権利がある」と表明しています）。

また、同年7月13日に放送された「NHKスペシャル」では、仕事先で亡くなったり、自殺してしまったベトナム人たちの足取りや苦悩が克明に記録されていました。こちらの番組も放映後に大きな反響を呼びました。

実はどちらの番組でも大きな役割を果たしていた場所があります。

ＪＲ浜松町の駅からほど近い、東京都港区にある浄土宗のお寺「日新窟」です。

もともとは増上寺の学寮を母体とするお寺だったそうですが、ベトナム戦争後にベトナム仏教界とのかかわりができて以来、両国の友好・親善の橋渡し役をしてきました。

２０１１年の東日本大震災の際には、被災したベトナム人のために境内を避難所として開放したことで多くのベトナム人にその名が広まったそうです。

また、ベトナム出身のタム・チー僧侶が中心となって、技能実習生や留学生の位牌を多く預かっていることでも知られています。

引き取り手もなく、寺が預かっている位牌の数は実に１５０柱以上。

「だいたい半数が技能実習生や留学生で、２割が中絶の水子です」と言うのは、同寺院の吉水慈豊さん。

「この数年で、日本で亡くなるベトナム人の若者の数が急に増えて、位牌を安置する場所にも困っていたので、寄付などもお受けして、境内に供養塔を建立しました」

お話を伺うと、毎週のようにベトナム人の技能実習生やその関係者から新しい相談や連絡があり、その数もどんどん増えているのだとか。

「ベトナム人の間で〝駆け込み寺〟として認知されてきたからかもしれませんが、いまは生きた子たちが来てくれるだけまだましかもしれません。以前は、亡くなってお寺に来る子たちばかりでしたから」

しかし、そのための活動費は、ほとんどがタム・チー僧侶や吉水さんの自費で賄っているそうです。

たとえば、警察から受取人のないベトナム人が亡くなったと連絡が入った場合、安置されていた遺体を引き取るにも「遺体安置料」として数万円のお金が必要なことなどはあまり知られていません。またどうしても帰国したいが飛行機代を捻出できないベトナム人に飛行機のチケットを送ったこともあったとか。

毎月、第3日曜日には、タム・チー僧侶などが中心となって法話を行い、多くのベトナム人や日本人が集まります。

現在、日本には約33万人のベトナム人がいると言われていますが、日新窟が彼らの心の支えのひとつになっていることは間違いなさそうです。

差し当たって私たちができることは、お寺への心ばかりの寄付をするくらいしかなさそうですが、近くへ行った際は、境内の供養塔へお参りに立ち寄ってみてもいいかもしれません（日新窟　住所：東京都港区芝公園2－11－1－204　電話：03－5401－0566）。

また、日新窟ばかりでなく、いくつかのお寺では外国人に開かれた活動をしています。

日新窟境内の供養塔

私の知っている限りでは、北九州市の浄土真宗本願寺派「永明寺」が、やはりベトナム人たちを相手に定期的に法要を行っているほか、大阪市千日前の真言宗山階派「弘昌寺」はミナミ界隈で暮らしているフィリピン人のコミュニティセンターになっています。

お寺が、外国人のためのコミュニティの場になっているのです。

## 外国人への心ない差別

こんなことを言うと、身もフタもないかもしれませんが、どの国に行っても外国人への差別というものは大なり小なりあるものです。そういった差別の多くは、相手をよく知らないことから起こるものだと思います。

ヘイトスピーチに関しては、２０１６年にいわゆる「ヘイトスピーチ解消法」が施行されたほか、各自治体で条例やガイドラインが作られたおかげで、ヘイトスピーチの数そのものは減りました。

ただ、インターネット上では相変わらず暴力的な発言が後を絶ちませんし、一部の雑誌は差別的な記事を書き立てています。戦前の状況と近いものがあるように感じさえします。


外国人留学生が多く働いているコンビニでも差別がなくなりません。

2018年7月にはインターネット上でこんな投稿が注目を集めました。20代の男性が愛知県一宮市のコンビニで買い物をした際、レジの貼り紙をスマホで撮ったものです。「外国人クルーへのお願い」と書かれたその貼り紙は、こう続いていました。

「当店では外国人留学生が多数勤務しております。ある程度の日本語はできますが、難しい言い回しや漢字、店舗での複雑な業務などは不得手です」「どの外国人スタッフも日本に溶け込もうと必死に働いております。温かい目で見ていただけたら幸いです」

このツイートは、瞬く間に拡散されて、数日で8万件近くの「いいね」がつき、約4万回リツイートされました。

8万件の「いいね」は、一生懸命働いている外国人スタッフへの声援だとも受け止められますが、逆に考えると、こうした貼り紙を出さざるを得ない状況が現実にあったということでしょう。

つまり、彼らを〝温かい目〟で見ない視線があったのです。

私の古い友人で、いま、茨城県でコンビニの店長をしている人がいます。話を聞くと、「差別はたしかにあるね」と言います。

彼がコンビニの店長を始めたのは2012年。震災後、家族でコンビニを経営することに決めました。オープン時から外国人アルバイトを雇っています。

「留学生には面接のときに必ず言うようにしているんだ。『ごく稀にだけど、心ない客もいるから、そういうのが来ても気にしないでいいよ』って」

〝心ない客〟というのは、日本語が流暢ではない外国人スタッフの言葉の揚げ足を取り、執拗に絡んでくるような客のこと。

「こないだは外国人スタッフが『もっとまともな日本語を使えねぇのか！』とか言われていて。お客さんには『まだ日が浅くてすいません』と僕が謝ったけど。本心としては、『ちょっと敬語が使えないくらいで、何くだらねぇこと言ってんだ』と思う」

店長はアメリカに留学した経験があり、外国で暮らすこと、外国語で接客することの大変さが身に沁みてわかっています。

「でも僕は、外国人、日本人という分け方で接したくはない。だから時給も一律。昇給に関して人種で差をつけることもない」

本当はアルバイトの時給ももっと上げてやりたいが、経営はぎりぎりで、同じエリアの大手スーパーなどが提示する時給額より100円から150円も低いこともあるそうです。コンビニ加盟店はアルバイトの時給もオーナーの裁量に任されていて、人件費を上げれば、当然、利益は圧迫されることになるのです。

「加盟店は言ってみれば個人商店みたいなものだから、大手には時給でも敵わないんだよね」

しかし、当の留学生に、アルバイト先にコンビニを選んだ理由を聞くと、多くの場合、「工場勤務や清掃のアルバイトと違って、日本語の勉強になるから」「日本の文化も学べるから」という答えが返ってきます。留学生にとって、コンビニは学びの場にもなっているのです。

「宅配便の受付では、郵便番号がわからない場合、伝票の住所を読む必要があります。手書きの漢字は難しいです。また、お客さんに『収入印紙もわからないのか！』と言われたことがあります。教えてくれたのは、ネパール人の先輩でした」

留学生たちは、コンビニで働きながら、漢字や日本語でのモノの数え方を覚え、お釣りは両手を添えることが丁寧な所作になることを知り、そして同時に、一部の心ない客から口汚い日本語を教えてもらうことになるのです。

一方で、先日、近所のコンビニで次のような光景を見ました。

レジにいたのはモンゴルからの留学生で、よく顔を見かける20代の女性です。お客は60代くらいの女性で、近くに住んでいるのか、お互いに顔見知りのようでした。

「……あら、そうなの、寂しくなるじゃない」

「あ、でも、すぐ帰ってきますから」

「10日？　2週間？」

「トオカカンです」

どうやらモンゴル人の彼女が一時帰省をするらしく、客の女性が「寂しくなるわ。早く帰ってきてね」と言っているのでした。

会話をしているお互いが幸せそうで、後ろに並んでいる私もいい気分にさせてもらいました。多くの人が無言で会計をする東京では珍しい一コマでしたが、こうした自然なコミュニケーションが取れるような人になりたいと思わされた瞬間でもありました。

## 無意識の区別が差別を生むことも

差別について、もう少しだけ書こうと思います。

人は時に、無意識のうちに差別をしてしまうことがあります。読者のみなさんにも少し考えてもらいたくて、私自身の例を挙げておきます。

私は、一時期、コンビニで働く外国人留学生からなるべく多くの話を聞こうと、毎日のようにコンビニを歩き回り、外国人スタッフらしき人を見つけると次々に声をかけていました。忙しくない時間帯やアルバイト終わりのタイミングを狙って、出身地を尋ね、どうしてアルバイト先にコンビニを選んだのか、時給はいくらか、差別はされていないか、などなど、いろんな質問をしました。そうして取材は順調に進んでいったのですが、あるとき、ふと、こう思ったのです。

「外国人かどうかを見かけやしゃべり方で判断していることが差別につながるのではないか」と。

どういうことかといえば、私はおおよそ見た目だけで人を判断していたのです。要するに、私は〝日本人らしくない〟スタッフを外見や名札や話し方で決めつけて、声をかけていたのです。

――肌の色や顔の感じから、あの人はきっとネパール人だろう。いや、スリランカ人かもしれない。

――顔は日本人に近いけど、少し訛りがあるからきっと中国人か韓国人だろう。

あのときの私は、差別をしている意識などまったくありませんでしたが、こうした無意識の区別が差別を生むきっかけになるのだなと思った瞬間があったのでした。

それはテレビでテニスプレーヤーの大坂なおみ選手の試合を見たときのことです。大坂選手の試合を見ながら、私は「彼女がコンビニでアルバイトをしていたら、真っ先に声をかけていただろうな」と思いました。

なぜなら、私は、見た目だけで日本人か外国人かを判断しようとしていたからです。

「あのコンビニで働いている子は、肌が黒いから外国人に違いない……」

考えてみれば、日本人でも、そういう視線で日常的に大勢の人から見られている人たちも確実にいるのです。いわゆるハーフ（いまでは「ダブル」や「ミックス」と呼ばれることが多いですが）の人たちです。

いまさら言うことではないかもしれませんが、日本には海外にルーツを持つ日本人も数多くいるのです。大坂選手やアメリカのプロバスケットリーグ（NBA）で活躍している八村塁選手の例を挙げるまでもなく、肌の黒い日本人も珍しくないのです。

「ひと昔前なら考えられなかったよね」という人もいますが、おそらく私たちが見ないフリをしてきただけでしょう。「ハーフ」と呼ばれる人たちは昔からいたのです。そういう少数派の日本人を無視して、大多数派の日本人は、長い間、共通認識（幻想）としての〝日本人像〟を自分たちの中で作り上げてきただけの話です。

これからは、日本人と結婚する外国人もますます増えるでしょうし、外国人同士のカップルが日本国籍を取得する例も増えていくでしょう。そうなれば、これまでの〝日本人像〟はおのずと変わってくるに違いありません。

日本人とは、日本国籍を持っている人であって、出生地や親の国籍は関係ないのです。つまり、見た目は関係ありません。

〝見た目〟の話は、非常にデリケートなものです。

実際には、コンビニや居酒屋などで働く多くの外国人スタッフは、出身地を聞かれるとうれしそうな顔をして答えてくれます。

私自身、ニュージーランドにいたときに、「あなた日本人でしょう」と声をかけられたときはうれしかったのを覚えています。

ちなみに、見た目の話で、ついでにこんな話もしておきましょう。

現代の日本人男性の平均身長は約170センチですが、江戸時代は155センチしかなかったそうです。わずか150年から200年近くで日本人の身長は15センチも高くなり、外見も変わったようです。江戸時代の人が令和の世にタイムスリップしてきたら、スラッとした体型の現代の日本人を見て「外国人か!?」と思うかもしれませんね。

## ソーシャル・キャピタルとして

これから各地方自治体には外国人の相談窓口となる「ワンストップセンター」

が必要になるという話には第1章で触れましたが、行政主導でハコを作ったからといって、すべての問題が解決するわけではありません。おそらく、となりの外国人に関する問題の多くは、当事者同士が解決すべき問題でしょう。

普段から〝ご近所さん〟として付き合っていれば、解決できることも多いように思います。

そんなことを考えていたら、ひとつの理想的なカタチを東京・葛飾で見ることができました。

第3章で、葛飾にはエチオピア人のコミュニティがあると紹介しましたが、地元の高校で、高校生とエチオピア人がサッカーの試合をするというのです。

8月のある午後、南葛飾高校のグラウンドに行くと試合はすでに始まっていました（ちなみに南葛飾高校は、サッカー漫画の「キャプテン翼」の舞台にもなっている高校）。初めての試みということもあって、35度を超える猛暑日だというのに、大勢の日本人とエチオピア人が応援に集まっていました。

揃いのユニフォームを着た日本人の高校生と闘っているのは、年齢もユニフォームもバラバラなエチオピア人チームです。両チームの応援にも熱が入り、楽しい時間が流れていきました。

聞くところによると、この日のイベントを成功させるために大勢の人たちが関わっていました。

まずは葛飾のエチオピア人たちの支援をしているNPO団体「アディスアベバ・エチオピア協会」、それから南葛飾高校の先生方、さらに両者を繋ぎ合わせた区議の存在がありました。

葛飾区議の川越誠一さんにお話を聞きました。

「アディスアベバ・エチオピア協会の代表のアベベさんとは、前から面識はあったのですが、南葛飾高校の校長先生とも面識があり地域で何かできないかという思いがあり、つなぎ役になりました。あと、これは後から知ったことですが、サッカー部の顧問の先生がJICA（国際協力機構）の活動でたまたまエチオピアに行ったことがある方だったんです。そんな偶然も重なって実現できたイベントでしたね」

川越さんは、サッカー部の高校生を見ていて感じたことがあると言います。

「高校生たちは、最初はエチオピアの人たちに対して、どこかぎこちなくしていたようですけど、大人より慣れるのも早くて、試合が終わる頃には普通に接していましたもんね。今回のサッカー交流ができたのは、よく〝ソーシャル・キャピタル〟って言いますが、本当に人間関係が資本になるんだなって思います」

ソーシャル・キャピタルというのは、社会学などで用いられる概念で、「人々の協調行動が活発化することで社会の効率性が高まる」という考え方のこと。

「いまは、日本人同士でも付き合いにくい世の中になっていますが、地域の日本人と外国人がいろんなつながり方をして、いい関係を築いていければ、自然と魅力的な地域になっていくんじゃないですかね。あれこれ計算するより、とにかく付き合ってみることが大事なんだと今回再確認できたので、これからもいろんな活動をしていければと思っています」

よく地域の活性化に必要なのは「よそ者」「若者」「ばか者」だと言われますが、地域で暮らす外国人はまさに「よそ者」であり、同時に「若者」であることが多いでしょう。

つまり「よそ者」であり、「若者」である外国人をうまく地域に取り込んで〝ソーシャル・キャピタル〟にすることができるか。その変換作業に成功した地域こそが、今後は発展していくことになるのかもしれません。

となりの外国人を人的資源と考えることができるか、多くの日本人の考え方を変えることができるか、日本の未来はその一点にかかっているのかもしれません。

おわりに

## これからの日本

私が知っているペルー人の夫婦は、本文でも触れたように来日して30年近くになる日系二世ですが、彼らは日本語が流暢ではありません。夫婦でレストランを経営しているにもかかわらず、日本生まれの日系三世である娘が間に入ってくれないと、込み入った話をするのは難しいのです。そのことに私は少し驚きました。彼らの日本語が上達しなかった理由は、日本人社会との交流が少なかったからでしょう。

母親は「娘には小さい頃から働かせて辛い思いをさせた。日本人の友だちもできなかった」と言います。その娘は、進学先に日本の大学は選ばず、ペルーの大学を選びました。その理由はいったいどこにあったのでしょう。

これまで解説したように、日本の現状の外国人受け入れ制度（法的な仕組み）には歪みがあり、改善するべき点が数多くあります。

また、私たちの心のありようもこれからの時代に沿うようにバージョンアップさせていく必要があるように思います。

それらの具体的な方法について、おそらく正解は誰にもわかりません。なぜなら、これまでの日本が経験したことのない未知の状況だからです。わかっているのは、私たちは、これから、いままで誰も見たことのない日本を見ようとしていることだけです。

いまや世界経済を支えていると言っても過言ではない「ＧＡＦＡ（グーグル、アップル、フェイスブック、アマゾン）」の創業者がいずれも移民の子孫というのは有名な話です。その例だけをもって「移民は優秀だ」と断定するつもりはありません。しかし、移民や外国の文化を受け入れてきた柔軟な国や企業こそが成長し、発展を遂げてきたと考えることはできるように思います。

外からの意見や刺激を受け入れることを拒む者は、人間もきっと同じですが、だんだんと頭が固くなって、新陳代謝がなくなり、除け者にされていくように思います。

地球儀を見ると、日本は極東の小さな島国ですが、古来、大陸や半島や南洋からヒトや文化を柔軟に受け入れてきました。そうやって数千年、数万年をかけて、日本という国を作り上げてきたのです。

今回、取材をした新宿の大久保図書館の米田館長が言っていました。

「これからも人生100年時代が続くのであれば、いまの子どもたちの多くは、22世紀まで生きていることになります。そうした子どもたちがよりよく暮らせるような社会であってほしいですよね」

22世紀の日本の土台をつくるのは、いまを生きている私たちの責任です。

私自身、これからも、「となりの外国人」との関わり方を考えていきたいと思いますし、多文化共生の力で劇的にバージョンアップした日本も見てみたいと思います。

●著者プロフィール
芹澤健介（せりざわ・けんすけ）
1973（昭和48）年、沖縄県生まれ。茨城県育ち。横浜国立大学経済学部卒。ライター、編集者、構成作家。NHK国際放送の番組制作にも携わる。日本在住の外国人の問題から、がんの最新治療法まで取材範囲は広い。著書に、外国人留学生の実態に迫ったルポ『コンビニ外国人』（新潮新書）、共著に『本の時間を届けます』（洋泉社）などがある。多文化社会研究会所属。

マイナビ新書

となりの外国人

2019年12月31日　初版第1刷発行

著　者　芹澤健介
発行者　滝口直樹
発行所　株式会社マイナビ出版
〒101-0003　東京都千代田区一ツ橋2-6-3　一ツ橋ビル2F
TEL 0480-38-6872（注文専用ダイヤル）
TEL 03-3556-2731（販売部）
TEL 03-3556-2735（編集部）
E-Mail pc-books@mynavi.jp（質問用）
URL http://book.mynavi.jp/

装幀　小口翔平＋三沢稜（tobufune）
DTP　富宗治
印刷・製本　図書印刷株式会社

　ISBN978-4-8399-6972-1

## 戦国武将が愛した名湯・秘湯

岩本薫

温泉は戦国武将で選べば間違いなし！　戦国武将のゆかりの温泉を歴史的なエピソードとともに紹介。ドラマに満ちた温泉の世界へ旅立ちましょう！

## 奨励会
### ～将棋プロ棋士への細い道～

橋本長道

プロ棋士が多大な労力を払ってでも目指す価値があるのか、奨励会の制度、戦い方、勉強法など、元奨励会員の著者の述懐を交えて語られます。

## 男の居場所

酒井光雄

マーケティングの大家である筆者が、定年後の最適な居場所はどこなのか、どうすれば人生の後半戦を居心地良く過ごせるのかを解説します。

## 職業、女流棋士

香川愛生

女流棋士・香川愛生女流三段が女流棋士という職業について語る。現代を女流棋士として生きる、等身大の姿がここにあります。

## いますぐ遺言書を書きなさい

大瀧靖峰

遺言書は家族への最高のラブレター。遺言書で親族同士の骨肉の争いを避け、遺産相続の手間を省き、あなたの思いを伝えましょう！

## 役職定年

著者：河村佳朗、竹内三保子
監修：野田稔

準備をしないまま「役職定年」を迎えたら……？　役職定年制度とはどんな仕組みなのか、チャンスにするにはどうすればいいか解説します。

## 先生になろう！
### ～セカンドステージでキャリアを生かす～

著者：小山信康
監修：小澤俊雄

講師業は、人生のセカンドステージにうってつけの仕事。いまから先生になって成功する方法を、講師のプロフェッショナルが伝授します。

## 将棋４００年史

野間俊克

１６１２年に徳川幕府が「将棋指し衆」８人に俸禄を支給したことが「プロ棋士」の始まり。将棋が歩んできた４００年の歴史を振り返ります。

## 教養として学んでおきたい仏教

島田裕巳

仏教が宗教の一つとしてどういった特徴を持っているのか、理解しておかなければならないことは何か、そこを出発点に解説します。

教養として学んでおきたい哲学

岡本裕一朗

なにかと難解な印象になりがちな哲学の概念、歴史、代表的な哲学者たち、主な議論など、教養として学んでおくべき主な事柄を解説します。

教養として学んでおきたい落語

堀井憲一郎

落語家とはどういう職業なのか、寄席とはどういう場所なのか、ちょっとしたマナー、時代とともに変わる落語の聞かれ方などを解説します。

二人に一人がガンになる
〜知っておきたい正しい知識と最新治療〜

村上和巳

医療ジャーナリストによる俯瞰した目と専門医による監修により、ガンとその治療法について知っておくべき基礎&最新知識を解説します。